バイデン就任演説

The Inaugural Address of Joe Biden

『CNN English Express』編集部 = 編

生声
MP3 🔊

対訳 📖

朝日出版社

音声再生について

●スマホなどでの音声再生には

スマートフォンやタブレットをお持ちの方は、無料の音声再生アプリ「リスニング・トレーナー」をご利用ください。本書の音声データ(MP3)は、p.96に記載のURLから申請することによってご入手いただけますが、その申請の前に、App StoreまたはGoogle Playからアプリを端末にインストールしておくことをお勧めします。

［音声再生アプリ］
リスニング・トレーナー

●パソコンでの音声再生には

audiobook.jpをご利用ください。スマホなどの場合同様、音声データの入手にはp.96記載のURLから申請していただくことが必要ですが、申請前に右記のサイトからaudiobook.jpの会員登録(無料)を行っておくことをお勧めします。

https://audiobook.jp/user/register

●本書の収録コンテンツの一部は月刊英語学習誌『CNN English Express』の記事を再編集したものです。
●『CNN English Express』についての詳しい情報は下記をご覧ください。
　ホームページ　　https://ee.asahipress.com/
　フェイスブック　　https://www.facebook.com/CNNEnglishExpress
● CNN の番組視聴については下記をご覧ください。
　　　　　　　　　https://www2.jctv.co.jp/cnnj/
● CNN のニュースをネットで読むには下記へアクセスしてください。
　英語サイト　　　https://edition.cnn.com/
　日本語サイト　　https://www.cnn.co.jp/

■ Contents

● 音声再生について ・・ 02

● バイデン就任演説のひみつを探る──本書のガイドをかねて ・・・・・・・・・・・・・ 04

ハリス副大統領と多様な新閣僚─その抱負を語る
SPEECHES OF VICE PRESIDENT-ELECT AND CABINET NOMINEES ・・・・・・・・・・・・ 09

・初の女性財務長官ジャネット・イエレン
NOMINEE FOR SECRETARY OF TREASURY JANET YELLEN ・・・・・・・・ [Track01-04] 10

・初の黒人国防長官ロイド・オースティン
NOMINEE FOR SECRETARY OF DEFENSE LLOYD AUSTIN ・・・・・・・・ [Track05-08] 16

・初の先住民女性内務長官デブ・ハーランド
NOMINEE FOR SECRETARY OF THE INTERIOR DEB HAALAND ・・・・・・・ [Track09-12] 22

・初のゲイの運輸長官ピート・ブティジェッジ
NOMINEE FOR SECRETARY OF TRANSPORTATION PETE BUTTIGIEG ・・・・・・ [Track13-16] 28

・初のアジア系女性USTR代表キャサリン・タイ
NOMINEE FOR US TRADE REPRESENTATIVE KATHERINE TAI ・・・・・・・・・ [Track17-20] 34

・副大統領カマラ・ハリス
VICE PRESIDENT-ELECT KAMALA HARRIS ・・・・・・・・・・・・・ [Track21-25] 40

バイデン大統領就任演説
THE INAUGURAL ADDRESS OF JOE BIDEN ・・・・・・・・・・・・・・・・・・・・ [Track26-48] 49

● MP3音声ナレーション原稿 ・・・・・・・・・・・・・・・・・・・・・・・・・・・・・・・・・ 95

● MP3音声・電子書籍版(PDF)の入手方法 ・・・・・・・・・・・・・・・・・・・・・・・・・ 96

バイデン就任演説のひみつを探る

── 本書のガイドをかねて

鈴木 健 (明治大学教授)

　2021年1月20日、第46代合衆国大統領に就任したジョー・バイデンは、1989年に77歳で退任したレーガンを抜いて78歳の史上最高齢となり、1961年のケネディ以来史上2人目のカトリック系大統領となりました。1月6日のトランプ支持者による連邦議会占拠事件を受けて、就任式は首都ワシントンに約2万5千人の州兵が配備される厳戒態勢の中で行われました。リベラルな民主党と保守的な共和党による二大政党制を取る合衆国の最高権力者である大統領には、「公の場における説得の技法」(the art of public persuasion) としてのレトリックが求められます。社会階層や人種間の対立を超えて国を融合させて、国際社会のリーダーとしての役割を演じるには、ことばを通じた説得コミュニケーション能力が要求されるためです。

　それでは、以下にバイデン就任演説を理解するための基本知識を説明します。

■バイデン政権の4つの課題

　2021年1月5日に行われたジョージア州上院補選で2議席を獲得した民主党は、大統領に加えて連邦議会の上下両院で多数派を形成する「トリプルブルー」(Triple Blue; 青は民主党のシンボルカラー) を達成しました。予算案採決や閣僚人事承認の権限を握るために特に重要な上院は、民主・共和両党が50議席ずつですが、投票が同数の場合はハリス副大統領が票を投じるために事実上の過半数となっています。

　それでもバイデン政権には、4つの大きな課題が控えています。第1に、「新型コロナ対策」です。就任式直前時点で、新型コロナ感染者が推計2,400万人、死者40万人を超えており、バイデンは、ウイルスワクチンに関し、政権発足100日後の4月末までに1億回分の接種を目指すことを公言しています。第2が、格差社会の中の「経済対策」です。2020年3月に支給された1,200ドル、同年末の600ドルに加えて、家族一人当たり1,400ドルの現金給付を目指しています。さらに失業給付の週400ドル増額を今秋まで継続する予算や、財源不足に苦しむ地方行政府への支援や学校再建に必要な資金も手当てする予定です。第3が、「環境とインフラへの投資」です。彼は、

雇用創出のカギを握る再生エネルギーと公共インフラ投資に今後4年間で2兆ドル（約200兆円）を公約しており、社会保障給付なども含めれば、今後10年で10兆ドル（約1,000兆円）規模の「バイデノミクス」を予定しています。最後の課題が、「国内の融和」です。2020年大統領選では、バイデンが約8,100万票を獲得して当選したとはいえ、約7,400万票がトランプに投じられました。前任者が新大統領就任式へ参加しなかったのは、1869年のアンドリュー・ジョンソン以来でした。またバイデンの中道穏健派路線に、民主党急進派のサンダースやウォーレン上院議員らは必ずしも満足していません。

■レトリックのジャンルとしての就任演説

　大統領就任演説（inaugural address）は、「儀式演説」と呼ばれるジャンルです。就任演説には、以下の4つの性格があります。バイデンの就任演説に当てはめて、ひとつひとつ見ていきましょう。

　まず第1に、長い選挙戦を通じて分断された国内世論を一体化するために「人々」の結合が説かれます。ここで言う「人々」とは、憲法に規定された "We, the People" を指しており、神によって選ばれた新天地である米国人を承認する証人として再構成することで、聴衆を統一させる狙いがあります。

　CNNの世論調査（1月17日）によれば、トランプが「選挙泥棒を止めろ」（Stop the steal）と主張し続けていたこともあり、民主党支持者の99％がバイデンを正統な大統領と認める一方で、共和党支持者では同19％という数字になっています。本来なら、多くの市民が見守る中で行われる新大統領就任式に、市民の参加が禁止されたために、今回の就任演説ではこの役割が、特に重要になりました。

　バイデンは、演説の始まりで、「私はつい先ほど神聖な誓いを行いましたが、その誓いは前任の愛国者たちもみな行ってきたもので、ジョージ・ワシントンが最初に行って以来続く誓いです。しかし、アメリカの物語を決めるのは、われわれの中の誰かひとりではなく、一部の人でもなく、われわれ全員です。すなわち、より完全な連邦（a more perfect Union）を求める「われら国民」なのです」と、オバマ大統領が2008年5月18日の民主党大会で用いたことばを引用した上で、「この国は偉大な国です。われわれは善良な人民です。そして数世紀にわたり、嵐や争い、平和と戦争の時を経て、ここまできました。ですが、行く手はまだ遠く続いています」と語っています（本書p.55参照）。

　彼は、演説の中盤でも「これらの難題を克服するためには、そしてアメリカの魂を

再生してアメリカの未来を確かなものにするためには、言葉よりもはるかにたくさんのことが必要です。民主主義にかかわるすべてのものの中でも最も捉えどころのないものが必要なのです。つまり、結束です。結束なのです。(……) 今日のこの1月の日、私の全身全霊は次のことに込められています。すなわち、アメリカをひとつにまとめること、国民を団結させること、わが国を結束させることです。ですから、私はすべてのアメリカ人に呼びかけます。私とともにこの大義に加わり、われわれの眼前の敵 (the foes we face) と闘おうと。敵とは、怒り、恨み、憎悪、過激主義、無法状態、暴力、病気、失業、そして絶望です。団結すれば、われわれは偉大なこと、重要なことを成し遂げることができます」と述べています (本書p.59参照)。

　第2に、就任演説では、歴史から導き出された米国社会の共通的価値観が思い起こされます。大統領は、伝統的な価値観がとぎれることなく継承されていることを示すことを求められるからです。就任演説は、「永久的な現在」(eternal present) における国家の過去と未来の融合が行われる場なのです。

　バイデンは、まずこの演説のテーマである結束を強調して、「団結がなければ平和はなく、苦しみと激しい怒りしか残らないからです。進歩はなく、疲れ果てるほどの憤激しか残らないからです。国はなく、混沌とした状態しか残らないからです。今はわが国にとって歴史的な危機と困難の時です。そして、団結こそが前進するための道です。ですから、われわれはアメリカ「合衆」国として、今のこの時に対応しなくてはなりません。(……) 政治は行く手にあるすべてを破壊してしまうような業火である必要はありません。個々の意見の相違が全面戦争の原因になる必要もありません。そして、事実そのものが操作され、捏造までされるような文化は、拒絶しなくてはなりません」と述べます (本書pp.63-65参照)。その後、彼は米国最大の価値観である民主主義 (democracy) への訴えを提示します。次に、彼は、民主主義の基本である、意見が異なることに同意する (agree to disagree) 重要性に触れます。「われわれの選挙戦を支持してくださったすべての方々に。われわれを信じてくださったことに、身が引き締まる思いです。われわれを支持されなかったすべての方々には、こう言わせてください。われわれが前進していく中で、われわれの話に耳を貸してください。私と私の心を見極めてください。もしそれでも同意できないなら、それはそれでいいのです。それが民主主義です。それがアメリカです。平和的に意義を唱える権利は、われわれの民主主義の防護柵のひとつであり、恐らく、この国の最大の強みです。ですが、しっかりお聞きください。意見の相違が分断につながってはなりません。そして、このことを皆さんに誓います。私はすべてのアメリカ人の大統

領になります——すべてのアメリカ人の、です。そして、私を支持しなかった人たちのためにも、私を支持した人たちのためと同様の懸命さで闘います」と結論づけています（本書p.69参照）。

　第3に、新政権の政治方針が示されます。多くの就任演説では、大統領は彼らが在任中に行われる政治方針を明らかにしています。バイデンも、前大統領があおってきた反エスタブリッシュメント（支配階層）、反グローバリズム、反移民、反国際協調路線と対比させる形で、以下のメッセージを送ります。「不正を正すことができます。国民を良い仕事に就かせることができます。子供たちを安全な学校で教えることができます。死をもたらすウイルスを克服することができます。報いて……仕事に報いて中産階級を立て直し、すべての人に医療を確保することができます。人種間の平等を実現させることができます。そして、アメリカをもう一度、世界に善をもたらす指導的な勢力にすることができます。最近では、団結を語ることが一部の人にはばかげた幻想のように聞こえかねないのは承知しています。われわれを分断する力は根深く、現実に存在することも承知しています。しかし、それらが目新しいものではないことも承知しているのです。わが国の歴史は、われわれはみな平等に創造されたというアメリカの理想と、人種差別や移民排斥主義や恐怖や悪者扱いが長くわれわれを引き裂いてきたという残酷で醜い現実との間の、絶え間ない闘いでした。その闘いは果てしなく、勝利は決して確実ではありません」（本書p.61参照）。

　その後で、「南北戦争、大恐慌、世界大戦、9/11同時多発テロを通して、苦闘と犠牲と挫折を経験する中でも、われわれの善性（"better angels"）がいつも勝利を収めてきました。そうした時にはいつでも、十分な数の国民——十分な数の国民です——が団結して国民全体を前進させてきました。ですから、われわれは今回もそうできます」と締めくくっています。演説の終盤で、バイデンは、「皆さん、今は試練の時です（Folks, this is a time of testing.）。これらのどれひとつをとってもそれだけで十分に深刻な課題なのですが、実際にはそのすべてが一斉に押し寄せていて、われわれの歴史の中でも最も重大な責務のひとつをこの国に突き付けています」と、いかなる困難にも果敢に挑戦していくアメリカの理念に基づく政策を提唱しています（本書p.83参照）。

　最後に、就任演説では、大統領職の重みへの正しい認識と敬意が語られます。当選した大統領は、雄弁な指導者であることを誇示する一方で、注意深く自らの憲法に定められた制限を認識していることを示すことが求められます。

　バイデンは、「同報たるアメリカ人の皆さん、私は今日、宣誓を始めた場所で、神

聖な誓いとともに締めくくることにいたします。神と皆さん全員の前で、私はこう約束します。私はいつでも正直に皆さんに申し上げますし、憲法を守り、民主主義を守り、アメリカを守ります。そして、私が皆さんへの奉仕のために行うことすべてを、皆さんすべてにささげます。それらは、権力ではなく可能性のことを考え、個人の利益ではなく公共の利益を考えて行うものです。そして、一緒にアメリカの物語を書きましょう。それは恐怖ではなく希望の、分断ではなく団結の、暗闇ではなく光の物語です。良識と尊厳の、愛と癒やしの、偉大さと善性の物語です。これがわれわれを導く物語に、われわれを奮い立たせる物語になりますように。そして、われわれが歴史の呼び声に応え、この時代に立ち向かったのだと後世に語り継がれる物語になりますように。われわれの見守るの中で民主主義と希望、真実と正義が死に絶えることはなく、むしろ栄えたのだと後世に語り継がれる物語になりますように。アメリカは国内で自由を確保し、再び世界のかがり火となったのだと語り継がれる物語になりますように。それは、先祖に対し、お互いに対し、これからの世代に対し、われわれが負っている責務です」と、効果的に比較対照（comparison and contrast）のことばを使うことで国が目指すべき目標に向かって誠心誠意努力する決意を歌い上げています（本書pp.89-91参照）。

　今回の演説全体を通じて、バイデンは、アメリカの伝統的な価値観をアピールするだけでなく、社会を正しい方向へ導き、「民主主義と希望」、「真実と正義」を擁護するために国民が結束して闘っていく必要性を示したと言えるでしょう。

SUZUKI Takeshi
ノースウエスタン大学コミュニケーション学博士（PhD）。南カルフォルニア大学フルブライト客員教授、ケンブリッジ大学客員研究員を歴任。現在、明治大学情報コミュニケーション学部教授。著書に、『大統領選を読む』（2004）、『政治レトリックとアメリカ文化』（2010）、『The Rhetoric of Emperor Hirohito』（2017）、『The Age of Emperor Akihito』（2019）。財部剣人のペンネームで、ファンタジー小説『マーメイド クロニクルズ』（2016）も出版。

Speeches of Vice President-Elect and Cabinet Nominees

バイデンの政権移行チームは、主要人事の骨子のひとつとして「多様性」を掲げている。
実際、次々に発表されていく閣僚指名の中には女性が多いだけでなく、
黒人、アメリカ先住民、アジア系などの人種的少数派やゲイ男性なども含まれている。
ここでは、そうした多様性を象徴する5名の閣僚（下の注参照）が抱負を語る声と、
大統領とともに新政権の方向付けを担う副大統領ハリスのスピーチをお届けする。

写真（上段左・中央・右）：AP/アフロ、ロイター/アフロ、AP/アフロ
写真（下段左・右）：ロイター/アフロ、Getty Images
写真（下段中央）：提供：Biden Transition/picture alliance/アフロ

（注）正式に閣僚になるには、指名された後、上院の承認を受ける必要がある。本書制作時点ではほとんど承認段階に至っておらず、まだ閣僚の「候補者」であるが、新しい上院の構成は民主党優位なため、特別なことがなければ承認されるものと見られている。また、この時点でのハリスはまだ就任式を終えていないため、正式には副大統領ではなく「次期副大統領」である。

Track 02

NOMINEE FOR SECRETARY OF TREASURY
Janet Yellen

■仕事はどんな意味を持つのか、話して聞かされた

Mr. President-Elect, when you reflect on what your father taught you about how a job is much more than a paycheck, I hear my own father, who raised our family in working-class Brooklyn. When he graduated from medical school during the Great Depression, he looked for a home and a place to hang his shingle near the Brooklyn docks. He started his family practice in the basement where we lived on the floors above.

At the end of the day, he would talk to me, my brother and my mom about what work meant to his patients, our friends and neighbors, especially if they lost a job—the financial problems, the family problems, the health problems, the loss of dignity and self-worth.

---

nominee:
《タイトル》指名を受けた人、候補者
secretary of the treasury:
《タイトル》財務長官
reflect on:
〜を回顧する、振り返って考える

paycheck:
給与、給料
raise:
〜を育てる、養う
graduate from:
〜を卒業する
medical school:
医科大学、医学部

the Great Depression:
世界大恐慌 ▶米国で1929年10月に起きた株価暴落が引き金となって生じた、1930年代の世界的景気後退を指す。

初の女性財務長官
ジャネット・イエレン

　次期大統領閣下、仕事には給料以上の価値がどれだけあるかについてお父上から教わったことを回顧されていますが、私には自分の父の話のように聞こえました。父がブルックリンの労働者階級の家庭を養ってくれていたのです。彼は、世界大恐慌の最中に医学部を卒業すると、ブルックリンのドックのそばに家と看板の掛け場所を探しました。地域医療を地階で始めたのですが、その上階でわれわれは暮らしていました。

　一日の終わりに、父は私や兄や母にいつも話をして聞かせましたが、それは彼の患者やわれわれの友人や隣人たちにとって仕事はどんな意味を持つのかについてでした。とりわけ、彼らが失業してしまったら——金銭問題、家庭問題、健康問題、尊厳と自尊心の喪失を意味するのです。

look for: 〜を探す	**basement:** （住宅の）地階、地下	**financial:** 財務的な、金銭的な
shingle: （医者などが掲げる）小さな看板	**mean A to B:** BにとってAの意味を持つ	**dignity:** 威厳、尊厳
dock: ドック、船渠（せんきょ）	**patient:** 病人、患者	**self-worth:** 自負、自尊心
family practice: 家族医療、地域医療	**especially:** 特に、とりわけ	

NOMINEE FOR SECRETARY OF TREASURY
Janet Yellen

■われわれは複数の歴史的な危機に直面している

The value of work always stuck with me, so much so that I became an economist, because I was concerned about the toll of unemployment on people, families and communities. And I've spent my career trying to make sure people can work and achieve the dignity and self-worth that comes with it.

And now, we're facing historic crises again: the pandemic and economic fallout that together have caused so much damage for so many and have had a disproportionate impact on the most vulnerable among us—lost lives, lost jobs, small businesses struggling to stay alive or closed for good, so many people struggling to put food on the table and pay bills and rent. It's an American tragedy, and it's essential that we move with urgency. Inaction will produce a self-reinforcing downturn, causing yet more devastation.

stick with: 〜にくっついて離れない **so much so that:** 非常にそうなので〜、あまりにもそんなだから〜 **be concerned about:** 〜について心配する、懸念する **toll on:** 〜が負った犠牲、〜に生じた死傷者数	**unemployment:** 失業 **spend one's career doing:** 〜することにキャリアを費やす **achieve:** 〜を獲得する、得る **pandemic:** 感染病の世界的大流行、パンデミック	**fallout:** 副次的な悪影響、悪い副産物 **cause:** 〜を引き起こす、〜の原因となる **disproportionate:** 不釣り合いな、不均衡な **vulnerable:** 弱い、被害に遭いやすい

初の女性財務長官
ジャネット・イエレン

　仕事の価値ということがいつも頭から離れないので、私は経済学者になりました。というのも、失業が人や家庭や地域にもたらす犠牲を懸念したからです。ですから、私が自分のキャリアを通して尽力してきたのは、人が必ず働けるように、そしてそれに付随する尊厳や自尊心を必ず得られるようにすることでした。

　そして今、われわれはまたも複数の歴史的な危機に直面しています。すなわち、パンデミックとその影響による経済の悪化ですが、両者が合わさって非常に多くの人に非常に大きな被害をもたらし、われわれの中でも最も弱い人たちに大きすぎる影響を与えてしまいました――命が失われ、職が失われ、中小企業は必死で生き残ろうとするかこれを期に廃業するかとなり、非常に多くの人たちが食卓に乗せる物の入手と請求書や家賃の支払いにも苦労しているのです。これはアメリカの悲劇であり、われわれが緊急に動くことが絶対に必要なのです。何もしなければ悪化の一途がもたらされ、さらに悲惨な状況が生じます。

---

struggle to do:
必死で〜しようとする、〜しようと努力する
for good:
これを最後に、この先永久に
bill:
請求書、勘定書
rent:
賃借料、家賃

tragedy:
悲劇、悲劇的事件
essential:
必須の、絶対必要な
with urgency:
緊急に、緊急性をもって
inaction:
何もしないこと、無為

self-reinforcing:
自己強化の、自己増強的な
downturn:
（景気などの）悪化、低迷
devastation:
破壊、荒廃

NOMINEE FOR SECRETARY OF TREASURY
Janet Yellen

■われわれはアメリカンドリームを共有している

As you've said before, Mr. President-Elect, out of our collective pain as a nation, we will find collective purpose to control the pandemic and build our economy back better than before. We share your belief in the American dream—of a society where each person, with effort, can rise to their potential and dream even bigger for their children. I pledge as treasury secretary to work every day towards rebuilding that dream for all Americans.

collective: 集合的な、集団的な pain: 痛み、苦痛	nation: 国家、国民 purpose: 目的、目標	control: 〜を制御する、制圧する build...back: …を再建する、立て直す

初の女性財務長官
ジャネット・イエレン

　次期大統領閣下、あなたが先ほどおっしゃったように、われわれは国家としての集団的苦痛から集団的目的を見いだし、パンデミックを制御して前以上に素晴らしい経済を再建します。われわれは共有しているのです、あなたが信じるアメリカンドリームを──そうした社会では、それぞれの人が、努力をすれば、自分の潜在能力を最高に発揮でき、子供たちにはさらに大きな夢を見せることができます。私は財務長官として、すべてのアメリカ人のために、そうした夢の再建を目指して日々努力することを誓います。

dream big: 大きな夢を持つ、大志を抱く pledge to do: 〜すると誓う、約束する	treasury secretary: 財務長官	rebuild: 〜を再建する、立て直す	

NOMINEE FOR SECRETARY OF DEFENSE
Lloyd Austin

■ 150年前に開かれた黒人将校への道

You know, back in 1877, a young man from the small town of Thomasville, Georgia, Henry Ossian Flipper, became the first African American to graduate from the United States Military Academy at West Point. And after his commissioning, he was assigned to one of the Army's all-black regiments, and he became the first nonwhite officer to lead the Buffalo Soldiers of the 10th Cavalry.

And so, fast-forward to today, nearly 150 years later: another native son of Thomasville, Georgia, stands before you as the secretary of defense-designate. Now, many people have paved the way for me and countless others over the years, and I am supremely grateful to all of them for their courage, for their determination and for the example that they set throughout.

---

secretary of defense:
《タイトル》国防長官
graduate from:
〜を卒業する
the United States Military Academy:
米国陸軍士官学校

West Point:
ウエストポイント ▶ニューヨーク州にある軍用地。陸軍士官学校の通称としても用いられる。
commissioning:
《軍事》(将校として) 任務に就くこと、就役
be assigned to:
〜に配属される、〜を担当する

regiment:
《軍事》連隊
officer:
将校、幹部
cavalry:
騎兵隊、騎馬連隊
fast forward to:
〜まで早送りすると、〜まで話を進めると

初の黒人国防長官
ロイド・オースティン

　ご承知でしょうが、1877年に、ジョージア州トーマスビルの小さな村出身の青年、ヘンリー・オシアン・フリッパーが、ウエストポイントの米国陸軍士官学校を卒業する初のアフリカ系アメリカ人となりました。そして就役後、彼は陸軍の黒人ばかりの連隊のひとつに配属され、やがて第10騎馬連隊のバッファローソルジャーを率いる初の非白人将校となったのです。

　そこで、150年近く後の今日まで時間を早送りしましょう。ジョージア州トーマスビル生まれのもうひとりの男性が、国防長官候補としてみなさんの前に立っています。さて、多くの方々が、私をはじめとした無数の人々のために、長年にわたって道を開いてきてくださいました。ですから、彼らの勇気と決断力に対し、そしていつも手本を示してくださったことに対し、私は彼ら全員にこの上なく感謝しています。

---

native son: その土地で生まれた人、土地っ子 **...-designate:** …に指名された人、…候補 **pave the way:** 道を開く、地ならしをする **countless:** 数え切れないほどの、無数の	**be grateful to:** 〜に感謝する **supremely:** 最高に、極めて **courage:** 勇気、勇敢さ	**determination:** 決断力、意志の強さ **set an example:** 手本を示す、模範を示す、 **throughout:** 至る所で、いつもずっと

NOMINEE FOR SECRETARY OF DEFENSE
Lloyd Austin

■国務長官として率直で飾らない助言を行う

You know, I spent much of my military career tackling tough issues and formidable adversaries in challenging parts of the world. And President-Elect Biden, as you mentioned, we've worked closely together on some tough issues, and we've gotten to know each other under some intense and high-pressure situations. And, sir, you can expect that as secretary of defense, that I will give you the same direct and unvarnished counsel that I did back then.

I understand the important role of the Department of Defense and the role that it plays in maintaining stability and deterring aggression and defending and supporting critical alliances around the world, including in the Asia Pacific, in Europe and around the world.

tackle: 〜に取り組む、立ち向かう **formidable:** 手ごわい、恐るべき **adversary:** 敵、敵対者 **president-elect:** 次期大統領	**mention:** 〜に言及する、触れる **closely:** 密接に、緊密に **tough:** 厳しい、難しい **intense:** 張り詰めた、緊迫した	**high-pressures:** 圧力の大きい、プレッシャーの強い **unvarnished:** ありのままの、率直な **counsel:** 助言、忠告

初の黒人国防長官
ロイド・オースティン

　さて、私は陸軍でのキャリアの大半を費やして難題に取り組み、また世界の係争地域で手ごわい敵に立ち向かってきました。そして、バイデン次期大統領閣下、おっしゃられたように、われわれはいくつかの難題にしっかり共同して対処してきましたし、大きなプレッシャーのかかる張り詰めた状況下でお互いのことが分かるようになってきました。ですから、閣下、国防長官としての私は、あの当時に行ったのと同様の率直で飾らない助言を差し上げるものと思ってください。

　私は国防省の重要な役割を理解しています。それはすなわち、安定の維持や攻撃の阻止や世界各地の重要な同盟国の防衛と支援において同省が果たす役割のことです。世界各地というのには、アジア太平洋やヨーロッパなど、世界中が含まれます。

back then: その当時、そのとき **play a role:** 役割を担う、任務を果たす、 **maintain:** 〜を保つ、維持する	**stability:** 安定、安定性、 **deter:** 〜を阻止する、防止する **aggression:** 攻撃、侵略	**critical:** 決定的に重要な、重大な **alliance:** 同盟、連合 **Asia Pacific:** アジア太平洋

Track 08

NOMINEE FOR SECRETARY OF DEFENSE
Lloyd Austin

■文民統制については理解している

　When I concluded my military service four years ago, I hung up my uniform for the last time and went from being General Lloyd Austin to Lloyd Austin. It is an important distinction and one that I make with utmost seriousness and sincerity. And so, I come to this role, this new role, as a civilian leader—with military experience, to be sure, but also with a deep appreciation and reverence for the prevailing wisdom of civilian control of our military. I recognize that being a member of the president's cabinet requires a different perspective and unique responsibilities from a career in uniform, and I intend to keep this at the forefront of my mind.

　May God bless and keep safe all those currently serving in harm's way. And may God continue to bless the United States of America. Thank you.

---

conclude: 〜を完了する、終了する	**utmost:** 最大限の、最高の	**to be sure:** 確かに、もちろん
military service: 兵役、軍務	**seriousness:** 本気、真剣さ	**appreciation:** 完全な理解、認識
hang up: 〜を掛ける、吊るす	**sincerity:** 誠実さ、誠意	**reverence:** 畏敬の念、敬意
General: 大将、将軍	**civilian:** 一般市民の、文民の	**prevailing:** 世間一般に広まっている、浸透している
distinction: 差異、区別		

初の黒人国防長官
ロイド・オースティン

　4年前に軍務を終えたとき、最後となる軍服を掛けて、私はロイド・オースティン将軍という存在からただのロイド・オースティンになりました。それは重要な区別であり、その区別を私は最大限の真剣さと誠意を持って行います。ですから、この役割を、文民指導者という新しい役割を、私は引き受けるに至ったのです——もちろん軍隊経験がありますが、軍の文民統制に関する一般良識についても深い理解と敬意を持ち合わせています。私は、大統領の閣僚メンバーになるからには制服組としてのキャリアに基づいた独特の視点や独自の責任感が求められると認識していますし、そのことを心の中心に留めておくつもりです。

　今も危険な地域で兵役に就いているすべての人が、神の恵みにより安全でありますように。そして、アメリカ合衆国に神の恵みがあり続けますように。ありがとうございました。

wisdom: 良識、知恵	**require:** 〜を必要とする、要求する	**May God bless:** 〜に神の恵みがありますように
civilian control: 文民統制、シビリアンコントロール	**perspective:** 見方、視点	**currently:** 現在、今
recognize that: 〜であると認める、認識する	**intend to do:** 〜するつもりである、〜する予定である	**in harm's way:** 危険な所で、危険な状況で
cabinet: 閣僚	**at the forefront of one's mind:** 心の中心に、一番大事に思って	**continue to do:** 〜し続ける、変わらず〜する

NOMINEE FOR SECRETARY OF THE INTERIOR
Deb Haaland

■私の人生は生易しいものではなかった

I'm proud to stand here on the ancestral homelands of the Lenape Tribal Nation. The president-elect and vice president-elect are committed to a diverse cabinet, and I'm honored and humbled to accept their nomination for secretary of the interior.

Growing up in my mother's Pueblo household made me fierce. My life has not been easy. I struggled with homelessness. I relied on food stamps and raised my child as a single mom. These struggles give me perspectives, though, so that I can help people to succeed.

---

secretary of the interior:
《タイトル》内務長官
ancestral:
先祖の、先祖から伝わる
homeland:
故国、故郷

Lenape Tribal Nation:
（アメリカ先住民の）レナペ族、レナペ族の民
president-elect:
次期大統領
vice president-elect:
次期副大統領

be committed to:
〜に専心している、尽力している
diverse:
多様な、さまざまな
cabinet:
閣僚

Haaland
Mexico's 1st District

初の先住民女性内務長官
デブ・ハーランド

　レナペ族の先祖からの故郷でこうした場に臨むことを誇りに思います。次期正副大統領は閣僚の多様性に尽力していらっしゃいますから、私は内務長官への指名をありがたく謹んでお受けいたします。

　母のプエブロの家で育ったことで、私は猛々（たけだけ）しくなりました。私のこれまでの人生は生易しいものではありません。ホームレスであることに苦しみました。食料配給券に頼りながら、シングルマザーとして子供を育てました。しかし、こうした苦労から得られた物の見方が国民を成功に導くのに役立つのです。

be humbled to do: 謙虚な気持ちで〜する、謹んで〜する **Pueblo:** プエブロ ▶石や日干しレンガで造られた、アメリカ先住民の伝統的な集団住宅。	**household:** 家庭、世帯 **fierce:** 猛々（たけだけ）しい、激しい **struggle with:** 〜と悪戦苦闘する、〜に苦しむ	**rely on:** 〜を頼りにする、当てにする **food stamp:** 食料配給券、フードスタンプ **perspective:** 見方、視点

Track 11

NOMINEE FOR SECRETARY OF THE INTERIOR
Deb Haaland

■かつての内務長官は先住民の文化を壊そうとした

My grandparents, who were taken away from their families as children and sent to boarding school in an effort to destroy their traditions and identities, maintained our culture. This moment is profound when we consider the fact that a former secretary of the interior once proclaimed his goal to, quote, "civilize or exterminate" us. I'm a living testament to the failure of that horrific ideology.

I also stand on the shoulders of my ancestors and all the people who have sacrificed so that I can be here. My dad was a US Marine, and no matter where we were stationed, he made sure we spent time outdoors. Time with my dad in the mountains or on the beach and time with my grandparents in the cornfield at Laguna taught me to respect the earth and to value our resources. I carry those values with me everywhere. I'm a product of their resilience.

boarding school: 全寮制の学校、寄宿学校 **in an effort to do:** 〜しようと努力して、〜するための努力の一環として **maintain:** 〜を維持する、保つ **profound:** 深遠な、深い意味のある	**consider:** 〜をよく考える、考慮する **former:** 前の、かつての **proclaim:** 〜を公表する、宣言する **civilize:** 〜を文明化する、教化する **exterminate:** 〜を絶滅させる、根絶する	**testament:** 証（あかし）し、証拠 **horrific:** 恐ろしい、ゾッとするような **ideology:** 価値体系、イデオロギー **stand on the shoulders of:** 〜のおかげである、〜から恩恵を受けている

初の先住民女性内務長官
デブ・ハーランド

　祖母は子供の頃に家族から引き離されて寄宿学校に送られたのですが、それは彼女たちの伝統やアイデンティティーを破壊しようとする努力の一環でした。しかし、祖母はわれわれの文化を守ったのです。以前の内務長官のひとりがかつて、彼の目標はわれわれを「教化するか絶滅させるか」することだと宣言した事実を考慮すると、今日のこの時は意義深いものです。私はそうした恐ろしいイデオロギーが失敗したことの生きた証しです。

　また、先祖の方々や身を犠牲にしてくださった多くの方々のおかげで、私はこの場に臨むことができているのです。父は米国海兵隊員でしたが、駐屯地がどこであっても必ず外で過ごす時間を持つようにしていました。山や海辺で父と過ごした時間やラグーナのトウモロコシ畑で祖父と過ごした時間が、大地を敬い天然資源を大事にすることを教えてくれたのです。どこに行こうとも私はそうした価値基準を持っています。私は彼らのしなやかな強さの産物なのです。

ancestor: 先祖、祖先	be stationed: 駐屯する、駐留する	value: 〜を尊重する、大事にする
sacrifice: 犠牲になる、身をささげる	make sure (that): 確実に〜であるようにする	resources: 資源、天然資源
US Marine: 米国海兵隊員	cornfield: トウモロコシ畑	values: 価値観、価値基準
no matter where: 場所に関係なく、どこであっても	Laguna: ラグーナ ▶ニューメキシコ州にあるアメリカ先住民保留地。	resilience: しなやかな強さ、折れずに立ち直る力

🔊 **Track 12**

NOMINEE FOR SECRETARY OF THE INTERIOR
Deb Haaland

■問題は単純ではなく、複雑に絡み合っている

As our country faces the impacts of climate change and environmental injustice, the Interior Department has a role to address these challenges. The president-elect's goals [are] driven by justice and empowering communities who have shouldered the burdens of environmental negligence. And we will ensure that the decisions at Interior will once again be driven by science.

The president-elect and vice president-elect know that issues under Interior's jurisdiction aren't simply about conservation. They're woven in with justice, good jobs and closing the racial, wealth and health gaps.

This historic moment will not go by without the acknowledgement of the many people who have believed in me over the years and had the confidence in me for this position. I'll be fierce for all of us, for our planet and all of our protected land, and I'm honored and ready to serve. Thank you again.

face: 〜に直面する、ぶつかる **climate change:** 気候変動 **environmental injustice:** 環境的不正義、環境的不公正 ▶人種的マイノリティーや貧困層の居住地域が環境汚染を押し付けられている状況などを指す。	**address a challenge:** 難題に挑む、課題に取り組む **be driven by:** 〜によって決定される、動かされる **empower:** 〜に力を与える、〜を力づける	**shoulder a burden:** 重荷を背負う、負担を担う **negligence:** 怠慢、過失 **ensure that:** 〜であることを確かにする、保証する

初の先住民女性内務長官
デブ・ハーランド

　わが国は気候変動や環境的不正義の衝撃に直面していますから、内務省にはこれらの難題に対処するという役割があります。次期大統領の目標の原動力となっているのは、正義であり、環境上の怠慢という重荷を担ってきた地域を力づけることです。それから、われわれが保証しますが、内務省の決定は再び科学に基づくようになります。

　正副次期大統領はご存じのように、内務省の管轄下にある問題は単純に自然保護の問題だといえるわけではありません。それらは、正義や真っ当な雇用や人種・富・健康の格差の縮小などと複雑に絡み合っています。

　この歴史的なひと時が過ぎ去る前に、過去何年にもわたってずっと私を信じ続け、この役職に私を信任してくださった多くの方々に謝辞をささげます。われわれみんなのために、地球のために、わが国の保護区すべてのために、私は猛々しくいるようにします。そして、光栄なことに、その準備はできています。ありがとうございました。

decision: 決定、決断 jurisdiction: 権限、管轄権 conservation: 保護、保存	be woven in with: 〜と複雑に絡み合っている、一体化している close the gap: 格差を縮める、ギャップをなくす go by: (時が) 過ぎ去る、終わる	acknowledgement: 謝意、謝辞 have (the) confidence in: 〜を信頼する、信任する protected land: 保護区域

Track 14

NOMINEE FOR SECRETARY OF TRANSPORTATION
Pete Buttigieg

■私にとって旅は成長や冒険や愛と同義語だ

I've also had a personal love of transportation ever since childhood. More than once as a college student, I would convince a friend to travel nearly a thousand miles back to Indiana with me on Amtrak.

I spent a spring break in graduate school aboard a cargo ship studying there. Travel in my mind is synonymous with growth, with adventure, even love, so much so that I propose to my husband Chasten in an airport terminal.

At its best, transportation makes the American dream possible, getting people and goods to where they need to be, directly and indirectly creating good paying jobs. At its worst, misguided policies and missed opportunities can reinforce racial, economic, and environmental injustice, dividing or isolating neighborhoods, undermining government's basic role to empower everyone to thrive.

secretary of the transportation: 《タイトル》運輸長官 **ever since:** 〜ずっと、〜以来ずっと **childhood:** 子供時代、幼児期 **more than once:** 一度ならず、何度か	**convince...to do:** …を説得して〜させる、〜するよう…を口説く **Amtrak:** アムトラック、全米鉄道旅客輸送公社 **spring break:** (大学などの) 春休み **graduate school:** 大学院	**aboard:** 〜に乗って **cargo ship:** 貨物船 **synonymous with:** 〜と同義語の、同じ意味の **so much so that:** 非常にそうなので〜 **propose to:** 〜に求婚する、プロポーズする

初のゲイの運輸長官
ピート・ブティジェッジ

　私は、子供の頃からずっと、個人的にも移動が大好きでした。大学時代には、何度か友達を口説いて一緒にアムトラックに乗り、（故郷の）インディアナ州まで1000マイル（約1600キロ）近くを旅して戻りました。

　大学院の春休みには貨物船に乗り、そこで勉強して過ごしました。私の頭の中では、旅は成長や冒険と同義語なのです――さらには愛も同じで、私は夫のチェイスンに空港ターミナルでプロポーズしたくらいです。

　最善の場合、運輸はアメリカンドリームを可能にし、人や物をそのあるべき場所に届け、直接的・間接的に高給の仕事を生み出します。最悪の場合、政策の間違いやチャンスの見逃しによって、人種的・経済的・環境的不正義が強化され、近隣住民が分断もしくは孤立化させられたり、みんなが繁栄するように力づけるという政府の基本的役割が弱体化させられたりすることもありえます。

at one's best: 最善の状態で、本調子で **directly:** 直接に、直接的に **indirectly:** 間接に、間接的に **at one's worst:** 最悪の状態で、調子が最悪で **misguided:** 間違った、見当違いの	**reinforce:** 〜を強める、強化する **environmental:** 環境の、環境保護上の **injustice:** 不正義、不公平 **divide:** 〜を分断する、分裂させる **isolate:** 〜を孤立させる、隔絶させる	**neighborhood:** 近隣地区、近隣住民 **undermine:** 〜を徐々に弱らせる、弱体化させる **empower:** 〜に力を与える、〜を力づける **thrive:** 富む、繁栄する

Track 15

Pete Buttigieg

■インフラ政策はより新しい世代にとって重要だ

And now comes a historic opportunity. This administration can deliver policies and resources that will create jobs, rise to the climate challenge, and equitably serve all Americans, all while continuing to ensure the safety of travelers and workers alike.

My view of this opportunity is also shaped by being the youngest member so far named to this cabinet, and the first millennial invited to a seat at that table. Newer generations have a lot at stake in infrastructure policy, that by its nature must contemplate both the immediate and the longterm. The question of how America will look by the middle of this century, the competitiveness of our economy, the security of our climate, for me this isn't academic, it's personal.

administration: 政権	**equitably:** 公平に、平等に	**be shaped by:** ～によって形作られる、形成される
deliver: ～を供給する、届ける	**continue to do:** ～し続ける、引き続き～する	**so far:** 今までのところ、これまで
resources: 資源、資力	**ensure:** ～を確保する、保証する	**(be) named to:** ～に指名される、名前が挙げられる
rise to: ～に対して立ち上がる、立ち向かう	**alike:** 同様に、同じように	

初のゲイの運輸長官
ピート・ブティジェッジ

　そして今、歴史的なチャンスが訪れています。この政権は、政策を発したり資源を供給したりすることにより、職を生み出し、気候問題に立ち向かい、すべてのアメリカ人に平等に奉仕することができるのです。また、その間ずっと、旅行者や労働者の安全の確保をし続けることも同様に可能です。

　このチャンスに対する私の見解の形成には、これまでにこの閣僚に指名された中では最も若いメンバーであり、そうした席に招かれた最初のミレニアム世代であるということが関わっています。新しい世代のほうが、インフラ政策にかかっているものが多いのです。インフラ政策は、本質的に、緊急のものと長期的なものの両方を熟慮する必要がありますし、アメリカは今世紀中葉にはどのような姿になっているかという問題や、わが国の経済競争力、気候安全保障についても熟慮する必要があります。私にとって、これは学問的なことではありません。個人的なことなのです。

---

millennial:
ミレニアル世代の人　▶1980年前後から2005年頃にかけて生まれた世代の人。
generation:
世代
at stake:
賭けられて、問題になって

infrastructure:
社会基盤、インフラ
by one's nature:
本質的に、もともと
contemplate:
〜を熟考する、熟慮する
immediate:
即時の、緊急の

longterm:
長期の、長期的な
competitiveness:
競合性、競争力
climate security:
気候安全保障　▶気候変動問題を安全保障の問題として位置づける考え方。

Track **16**

NOMINEE FOR SECRETARY OF TRANSPORTATION
Pete Buttigieg

■かつて、ゲイであるために上院の承認が得られない人がいた

I'm also mindful that the eyes of history are on this appointment, knowing that this is the first time in American president has ever sent an openly LGBTQ cabinet member to the Senate for confirmation. I can remember watching the news, 17 years old in Indiana, seeing a story about an appointee of President Clinton named to be an ambassador, attacked and denied a vote in the Senate because he was gay, ultimately able to serve only by Recess Appointment.

At the time, I was a long way from coming out even to myself, but still I watched that story and I learned something about some of the limits that exist in this country when it comes to who is allowed to belong. But just as important, I saw how those limits could be challenged.

So two decades later I can't help but think of a 17-year-old somewhere who might be watching us right now.

be mindful that:
〜であることを心に留める、意識する
the eyes of:
〜の視点、見地
appointment:
任命、指名

openly-LGBTQ:
＝openly-lesbian, gay, bisexual, transgender and queer/questioning　LGBTQだと公表済みの、カムアウトしたLGBTQの
Senate:
上院
confirmation:
承認、支持

appointee:
指名された人、被指名人
ambassador:
大使
deny:
〜を認めない、拒否する
ultimately:
最後に、最終的に

初のゲイの運輸長官
ピート・ブティジェッジ

　私は、また、この指名を歴史的見地から見ることを意識しています。LGBTQであることを公表している閣僚メンバーをアメリカ大統領が上院の承認に送るのは、今回が初めてだと分かっているのですから。ニュースを観ていたときのことが思い出されます――私は17歳でインディアナにいました――見ていたのはクリントン大統領に指名された人のニュースで、大使に指名されていたのですが、彼がゲイであり、公職に就けるのは結局のところ休会任命によってのみだということを理由に、攻撃を受け、上院での採決を拒否されました。

　当時の私は、ゲイであることを自分自身でもまったく認められずにいました。しかしそれでも、そのニュースを観て、何か気づくものがありました。所属を許されるのは誰かという話になると、この国にはある種の限界が存在するのです。しかし、その気づきと同様に重要なのは、そうした限界にどうやって挑戦できるかが分かったことです。

　ですから、20年後の私は、どこかの17歳が今まさにわれわれを観ているかもしれないと思わずにはいられません。

Recess Appointment: 休会任命　▶上院の休会中に上院の承認を経ずに任命すること。	**exist:** 存在する、ある	**just as:** 同様に〜、同じくらい〜
be a long way from: 〜から程遠い、遠く離れている	**when it comes to:** 〜のことになると、〜に関して言えば	**decade:** 10年
come out to: 〜に性的指向を公表する、カムアウトする	**be allowed to do:** 〜することを許される、〜してもよい	**can't help but do:** 〜せずにはいられない、どうしても〜してしまう
limits: 限界、境界	**belong:** 属する、所属する	**somewhere:** どこかに、どこかで

Track **18**

NOMINEE FOR **US** TRADE REPRESENTATIVE
Katherine Tai

■両親は中国大陸生まれの台湾育ち

When the president-elect approached me about taking on this role, two memories from my past sprang to mind.

The first was from when I initially joined USTR in 2007. I was filling out paperwork and providing information about my family history.

My parents were born in mainland China and grew up in Taiwan. In the 1960s, President Kennedy's immigration reforms welcomed them to America as graduate students in the sciences.

They were naturalized in 1979, five years after I was born in Connecticut. And it wasn't until decades later, filling out that paperwork, that it occurred to me that I became an American before my parents, the very first American in our family.

US trade representative: 《タイトル》米国通商代表 **president-elect:** 次期大統領 **approach:** ①~に話を持ちかける、打診する ②やり方、取り組み方 **take on:** ~を引き受ける、担う	**spring to mind:** ふっと心に浮かぶ、頭に浮かぶ **initially:** 初めに、最初に **USTR:** ＝ Office of the United States Trade Representative アメリカ通商代表部	**fill out:** ~に記入する、書き込む **paperwork:** 文書業務、書類仕事 **provide:** ~を提供する、与える **mainland China:** 中国大陸、中華人民共和国

初のアジア系女性 USTR 代表
キャサリン・タイ

　次期大統領からこの役職を引き受けないかという打診があったとき、ふたつの過去の記憶がふっと心に浮かびました。

　ひとつ目は、2007年、私が最初にUSTR（アメリカ通商代表部）に入った時のものです。私は、書類に記入して、うちの家族史に関する情報を提供しようとしていました。

　私の両親は中国大陸で生まれ、台湾で育ちました。1960年代に、ケネディ大統領の移民改革により、彼らは理系の大学院生としてアメリカに迎え入れられました。

　彼らは1979年に帰化したのですが、その5年前にコネティカットで私が生まれています。そして、数十年経ってから、書類に記入しているうちに初めてふと気づいたのです、両親よりも先に私がアメリカ人になっていたんだ、わが家で最初のアメリカ人だったんだって。

grow up: 育つ、成長する **immigration reform:** 移民改革、移民制度改革 **graduate student:** 大学院生	**naturalized:** 帰化した、市民権を得た **it is not until...that:** …の時点まで〜ではない、…になって初めて〜である	**decade:** 10年 **occur to:** ふと〜の心に浮かぶ、〜にふと気づかせる

NOMINEE FOR US TRADE REPRESENTATIVE
Katherine Tai

■移民の娘がアメリカを代表する意味

   The second memory that came to mind was from several years later, when a colleague and I from USTR went to Geneva to present a case suing China before the World Trade Organization. We sat down at the table—she, whose parents had emigrated from South India, and I, whose parents had come from Taiwan—and my heart swelled with pride as we raised our placard and stated that we were there to present the case on behalf of the United States of America; two daughters of immigrants, there to serve, to fight for and to reflect the nation that had opened doors of hope and opportunity to our families.

   Those memories fill me with gratitude for being an American and for what America is at our best, and they remind me of the extraordinary responsibilities that come with the honor as we navigate our relationships with the world.

come to mind: 思い浮かぶ、頭に浮かぶ	**sue:** ～を相手取って訴訟を起こす	**placard:** 掲示、名札
colleague: 同僚、仕事仲間	**World Trade Organization:** 世界貿易機関　▶略称はWTO。	**state that:** ～であると述べる、宣言する
Geneva: （スイスの）ジュネーブ	**emigrate from:** ～から移住する、移民する	**on behalf of:** ～を代表して、～のために
present a case before: ～に提訴する、訴訟を起こす	**swell with:** ～で膨れ上がる、～でいっぱいになる	**immigrant:** 移民、移住者

初のアジア系女性 USTR 代表
キャサリン・タイ

　心に浮かんだふたつ目の記憶は、その数年後のものですが、そのとき私は USTR の同僚とジュネーブに行き、中国を世界貿易機関に提訴したのです。われわれは席に着きました——同僚女性は両親が南インドから移民して来た人、私は両親が台湾から来た人です——すると、誇りで胸がいっぱいになりました。なぜなら、名札を掲げて示しているのですから、アメリカ合衆国を代表して提訴するためにわれわれが出席しているのだと。移民の娘であるふたりが、自分たちの家族に希望とチャンスの扉を開いてくれた国に尽くそうとして、国のために闘おうとして、国の意向を反映させようとして出席しているのですから。

　そうした記憶があるため、アメリカ人であること、アメリカが最良であることに対し、私は感謝の気持ちでいっぱいです。また、そうした記憶から、私は名誉を伴った巨大な責任を感じさせられています。なぜなら、わが国と世界との関係のかじ取りをわれわれがやるのですから。

---

reflect: 〜を反映する、示す	**gratitude for:** 〜への感謝、感謝の気持ち	**extraordinary:** 並外れた、途方もない
opportunity: 機会、チャンス	**at one's best:** 最善の状態で、本調子で	**honor:** 光栄、名誉
fill A with B: AをBで満たす、いっぱいにする	**remind A of B:** AにBのことを思い出させる、連想させる	**navigate:** 〜のかじ取りする、〜を先導する

Track 20

NOMINEE FOR **US** TRADE REPRESENTATIVE
Katherine Tai

■通商は、それ自体で完結するものではない

Trade is like any other tool in our domestic or foreign policy. It is not an end in itself. It is a means to create more hope and opportunity for people. And it only succeeds when the humanity and dignity of every American and of all people lie at the heart of our approach.

I am proud to join with leaders who instill their policy with purpose and who never lose sight of the humanity and dignity, the opportunity and hope, that make trade a force for good in our nation and the world.

I am very proud to be an advocate for American workers, to stand up for their ingenuity and their innovation and for America's interests across the globe. I look forward to harnessing the power of our trade relationships to help communities lift themselves out of the current crisis. Thank you.

---

domestic policy: 国内政策、内政	**dignity:** 威厳、尊厳	**with purpose:** 目的を持って、目的の下に
foreign policy: 外交政策、外政	**lie at the heart of:** 〜の中心にある、中核になっている	**lose sight of:** 〜を見失う、忘れる
means to do: 〜するための手段、方法	**instill:** 〜を教え込む、頭に植え付ける	**force:** 力、強さ
humanity: 人間性、人間らしさ		**advocate for:** 〜の擁護者、支持者

初のアジア系女性 USTR 代表
キャサリン・タイ

　通商は、他のあらゆる内外政手段と変わりません。それ自体で完結するものではないのです。それは、より多くの希望やチャンスを国民のために創出する手段です。そして、それが成功するのは、すべてのアメリカ人の、すべての人々の人間性や尊厳がわれわれの取り組みの核になっている場合だけなのです。

　私は誇りを持ってリーダーの一員となり、目的に沿って政策を浸透させます。そして、人間性と尊厳、チャンスと希望を決して見失わないようします。それらが、通商を、わが国と世界をよくする力に変えるからです。

　私は大きな誇りを持ってアメリカ人労働者の守り手となり、彼らの創意工夫や革新を支持し、世界全体でのアメリカの利益のために立ち上がります。貿易関係という力を活用して、各地域が現在の危機を脱する手助けができることを楽しみにしています。ありがとうございました。

stand up for: 〜のために立ち上がる、〜に味方する **ingenuity:** 創意工夫、創造力 **innovation:** 革新、新しい考え	**interests:** 利益、利害 **across the globe:** 全世界で、世界中で **look forward to doing:** 〜するのを楽しみにしている、楽しみに待つ	**harness:** 〜を役立てる、利用する **lift A out of B:** AをBから引っ張り上げる、Bから脱け出させる **current:** 現在の、進行中の

Track **22**

VICE PRESIDENT-ELECT
Kamala Harris

■新閣僚は公職の気高さを体現している

Congratulations, Mr. President-Elect, on bringing together this extraordinary team. I have always believed in the nobility of public service, and these Americans embody it. Their lives and careers are a testament to the dedication, sacrifice and commitment to civic responsibility that have strengthened our democracy and kept America's promise alive for more than 200 years.

President-Elect Biden and I have long known that when we were elected, we would inherit a series of unprecedented challenges upon walking into the White House. Addressing these challenges starts with getting this pandemic under control, opening our economy responsibly and making sure it works for working people. And we also know that our challenges will require us, here at home, to overcome those issues that block our ability to proceed.

---

vice president:
《タイトル》副大統領
bring together:
〜を集める、まとめる
extraordinary:
並外れた、とても素晴らしい
nobility:
気高さ、高潔さ
public service:
公務、公職

embody:
〜を具体化する、体現する
testament to:
〜の証（あか）し、証拠
dedication:
献身、専心
sacrifice:
身をささげること、犠牲
commitment:
深い関与、専念

civic:
市民の、市民としての
strengthen:
〜を強くする、強化する
promise:
約束、誓約
be elected:
選ばれる、当選する
inherit:
〜を引き継ぐ、継承する

副大統領
カマラ・ハリス

　次期大統領閣下、こんな素晴らしいチームができておめでとうございます。私は公職の気高さをずっと信じてきたのですが、この方々はそれを体現していらっしゃいます。彼らの生活やキャリアが証しとなって示しているのは、献身と犠牲、そして市民としての責任への深い関与です。そうした関与が、わが国の民主主義を補強し、「アメリカの約束」を200年以上にわたって生かし続けてきたのです。

　バイデン次期大統領と私には以前から分かっていたことですが、当選したら、われわれがホワイトハウスに足を踏み入れた途端に前代未聞の難題をたくさん引き継ぐことになります。そうした難題への取り組みの手始めは、このパンデミックを制御し、責任を持って経済の開放を行い、働く人々にとって必ず有益であるようにすることです。そして、これも分かっていることですが、先へ進もうとする力の障害となる問題の数々を、われわれは家に留まったまま克服する必要があります。

---

a series of:
一連の〜、ひと続きの〜
unprecedented:
前例のない、前代未聞の
challenge:
難題、困難な仕事
address:
〜に対処する、取り組む
get...under control:
…を制御する、制圧する

pandemic:
感染病の世界的大流行、パンデミック
responsibly:
責任を持って、節度を持って
make sure (that):
確実に〜であるようにする
work for:
〜に有効である、〜の役に立つ

require...to do:
…に〜するよう求める、〜することを…に要求する
overcome:
〜を克服する、乗り越える
issue:
問題点、論点
block:
〜を妨害する、阻む

Track **23**

VICE PRESIDENT-ELECT
Kamala Harris

■私は人々の安全を守る仕事をずっと行ってきた

Our challenge here is a necessary foundation for restoring and advancing our leadership around the world. And we are ready for that work. We will need to reassemble and renew America's alliances, rebuild and strengthen the national-security and foreign-policy institutions that keep us safe and advance our nation's interest, and confront and combat the existential threat of climate change that endangers us all.

I take these issues very seriously. My whole career has been about keeping people safe. From serving as district attorney to California's attorney general to the United States Senate, where I have served on the Intelligence and Homeland Security committees, I have come to know firsthand the gravity of the challenges and threats facing the United States.

foundation: 土台、基礎	**alliance:** 同盟、連合	**foreign policy:** 外交、外交政策
restore: 〜を回復させる、復活させる	**rebuild:** 〜を再建する、立て直す	**institution:** 機関、機構
advance: 〜を前進させる、促進する	**strengthen:** 〜を強くする、強化する	**interests:** 利益、利害
reassemble: 〜を再構築する、組み立て直す	**national security:** 国の安全、国家安全保障	**confront:** 〜に直面する、立ち向かう
renew: 〜を新しくする、新たにする		

副大統領
カマラ・ハリス

　ここでのわれわれの挑戦は、世界全体におけるわが国のリーダーシップを回復、前進させるための基礎として必要なものです。そして、その仕事の準備はできています。アメリカの同盟を新たなものに再構築する必要が生じるでしょう。国家安全保障と外交政策に関する機関を再建・強化し、わが国の安全を維持しつつ国益を促進する必要、さらには国民全員を危険にさらす気候変動という存亡の脅威に立ち向かい、闘う必要も生じるでしょう。

　私はこうした問題をとても深刻に受け止めています。私のこれまでのキャリアは全部、人々の安全を守ることに関連していました。地方検事として働いてからカリフォルニア州司法長官、連邦上院へと転じましたが、上院で諜報委員会と国土安全委員会の委員を務める中で、米国が直面している難題や脅威の重大さが身をもって分かってきました。

combat: 〜と闘う、〜に対抗する	**endanger:** 〜を危険にさらす、危うくする	**intelligence:** 機密情報、諜報
existential: 存在に関わる、存続のかかった	**district attorney:** 地区検事長、地方検事　▶連邦 裁判所管轄区の首席検事。	**Homeland Security:** 国土安全保障
threat: 脅威、恐れ	**attorney general:** 検事総長、司法長官	**firsthand:** 直接体験して、じかに接して
climate change: 気候変動	**Senate:** 上院	**gravity:** 重大さ、重要性

Vice President-Elect
Kamala Harris

■国民にとっての最善がなされる

And over the past few months, I have also come to know the sound judgment, expertise and character of the people on this stage. I can say with confidence that they are, to a person, the right women and men for these critical positions. And I look forward to working alongside them on behalf of the American people—and on behalf of a president who will ask tough questions, demand that we be guided by facts, and expect our team to speak the truth, no matter what; a president who will be focused on one thing and one thing only: doing what is best for the people of the United States of America.

sound: 健全な、穏当な **expertise:** 専門的な知識、見解	**with confidence:** 自信を持って、胸を張って **critical:** 決定的な、重大な	**look forward to doing:** 〜するのを楽しみにしている **alongside:** 〜と一緒に、協力して

副大統領
カマラ・ハリス

　一方、過去数カ月を通じて、この演壇に立つ（閣僚候補の）人々の判断や専門知識や人柄の健全性も分かってきました。自信を持って人に言えますが、彼らはこうした重大な役職に適した女性や男性です。ですから、私は彼らと一緒にアメリカ国民のために働くのを楽しみにしています――そして、難題を提示しながらもわれわれが事実に従うことを求め、このチームは何があっても真実を語ることを期待する大統領のために。また、ただひとつのことに集中する大統領のために。ただひとつのこととは、すなわちアメリカ合衆国国民にとっての最善をなすということです。

on behalf of: 〜のために、〜の利益になるように **tough:** 厳しい、難しい	**be guided by:** 〜に従う、基づく **expect...to do:** …が〜するのを期待する、当てにする	**no matter what:** なんであれ、何があっても **be focused on:** 〜に目を向ける、集中する

Track **25**

VICE PRESIDENT-ELECT
Kamala Harris

■アメリカらしい多様性のある閣僚たち

When Joe asked me to be his running mate, he told me about his commitment to making sure we selected a cabinet that looks like America, that reflects the best of our nation. And that's what we have done. Today's nominees and appointees come from different places. They bring a range of different life and professional experiences and perspectives. And they also share something else in common: an unwavering belief in America's ideals, an unshakable commitment to democracy, human rights and the rule of law. And they understand the indispensable role of America's leadership in the world.

These women and men are patriots and public servants to their core. And they are leaders, the leaders we need to meet the challenges of this moment and those that lie ahead. Thank you.

running mate: （大統領候補とペアの）副大統領候補 **select:** 〜を選択する、選ぶ **cabinet:** 閣僚 **reflect:** 〜を反映する、示す	**nominee:** 指名を受けた人、候補者 **appointee:** 指名された人、被指名人 **a range of:** ある範囲の、さまざまな **perspective:** 見方、視点	**share something in common:** 共通するものがある、共通点がある **unwavering:** 断固とした、揺るぎない **belief in:** 〜に対する信念、確信

副大統領
カマラ・ハリス

　ジョーが私に副大統領候補になるよう求めてきたときに話してくれたのは、必ずアメリカらしさが表れた閣僚、この国の最良の部分を反映した閣僚を選ぶようにするという、彼のこだわりについてでした。そして、それをわれわれは行ったのです。本日の候補者や任命予定者の出身は多様です。彼らのさまざまな生活と専門家としての経験や視点が持ち寄られます。また、彼らにはほかにも共通点があります。アメリカの理想に対する揺るぎない信頼、民主主義や人権や法の支配に対する確固たる献身です。さらに、アメリカのリーダーシップが世界になくてはならない役割であることを彼らは理解しています。

　これらの女性や男性は、骨の髄まで愛国者の公僕です。そして、彼らはリーダー、すなわち現存する難題や前途に横たわる難題に立ち向かうために必要なリーダーなのです。ありがとうございました。

ideal: 理想、究極の目標	**indispensable:** 必須の、不可欠な	**to one's core:** 芯（しん）まで、心底まで
unshakable: 揺るぎない、確固とした	**patriot:** 愛国者	**meet:** 〜に立ち向かう、対処する
human rights: 人権	**public servant:** 公僕、公職者	**lie ahead:** 前途に横たわる、行く手に待ち構えている
rule of law: 法の支配、法治		

THE INAUGURAL ADDRESS OF JOE BIDEN

2週間前に起きた議事堂襲撃・占拠事件から厳戒態勢が敷かれ、
コロナ禍で大幅に出席者を減らし、慣例を破って前大統領が出席しない、
という異例づくめの中で宣誓式に臨み、第46代米国大統領となったジョー・バイデン。
深刻な国民の分断、止まらないコロナ感染拡大とその経済への悪影響など、
喫緊の課題を多数抱える中、彼は就任演説で何を人々に訴えたのか、耳を傾けよう。

実施日：2021年1月20日（現地時間）
場所：首都ワシントン「連邦議会議事堂」前
本書収録：全文を収録
写真：ロイター / アフロ

THE INAUGURAL ADDRESS OF
Joe Biden

■今日、民主主義の勝利を祝う

Chief Justice Roberts, Vice President Harris, Speaker Pelosi, Leader Schumer, Leader McConnell, Vice President Pence, my distinguished guests, my fellow Americans:

This is America's day. This is democracy's day—a day of history and hope, of renewal and resolve. Through a crucible for the ages, America has been tested anew, and America has risen to the challenge. Today, we celebrate the triumph not of a candidate but of a cause, the cause of democracy. The will of the people has been heard, and the will of the people has been heeded. We've learned again that democracy is precious, democracy is fragile. And at this hour, my friends, democracy has prevailed.

chief justice: 米最高裁長官、裁判長 **vice president:** 副大統領 **speaker:** 議長 **leader:** 指導者 ▶議会においては、党の 最高位である「院内総務」を指す。	**distinguished:** 名高い、著名な **guest:** 来賓、ゲスト **fellow:** 仲間の、同志の **democracy:** 民主主義、民主制 **renewal:** 復興、再生	**resolve:** 決意、決断 **crucible:** 試練、苦しい経験 **for the ages:** 歴史に残る、記念すべき **anew:** 改めて、新たに **rise to:** 〜に立ち上がる、立ち向かう

バイデン大統領
就任演説

　ロバーツ最高裁長官、ハリス副大統領、ペロシ下院議長、シューマー（民主党）上院院内総務、マコネル（共和党）上院院内総務、ペンス（前）副大統領、ご来賓の皆様、同胞たるアメリカ国民の皆さん。

　今日はアメリカの日です。今日は民主主義の日です——歴史と希望の日、再生と決意の日です。いく時代にもわたる試練の中でアメリカは新たに試され受け続け、アメリカはその苦難に立ち向かってきました。今日われわれが祝うのは、ひとりの候補者の勝利ではなく、大義の、すなわち民主主義という大義の勝利です。国民の意志が聞き取られ、国民の意志が重んじられたのです。われわれはまたしても、民主主義は貴重なものであり、民主主義はもろいものだと学びました。そして皆さん、今この時、民主主義が勝利を得たのです。

challenge: 課題、難題	**cause:** 大義、理念	**fragile:** もろい、壊れやすい
celebrate: 〜を祝う、祝賀する	**the will of the people:** 民意、国民の意志	**hour:** 重要な時期
triumph: 勝利、偉業	**heed:** 〜を心に留める、聞き入れる	**prevail:** 勝利を得る、最終的な勝者となる
candidate: 候補者	**precious:** 尊い、大切な	

THE INAUGURAL ADDRESS OF
Joe Biden

■アメリカらしい独特のやり方で将来に目を向ける

So now, on this hallowed ground where just a few days ago violence sought to shake the Capitol's very foundation, we come together as one nation under God, indivisible, to carry out the peaceful transfer of power, as we have for more than two centuries, as we look ahead in our uniquely American way, restless, bold, optimistic, and set our sights on the nation we know we can be and we must be.

I thank my predecessors of both parties for their presence here today. I thank them from the bottom of my heart. And I know the resilience of our Constitution and the strength...the strength of our nation, as does President Carter, who I spoke with last night, who cannot be with us today, but whom we salute for his lifetime in service.

hallowed ground: 霊場、神聖な地	**very:** まさしく、まさに	**indivisible:** 不可分の
violence: 暴力、破壊的行為	**foundation:** 根幹、基盤	**carry out:** 〜を実行する、遂行する
seek to: 〜しようとする	**come together:** 団結する、協力する	**peaceful:** 平和な、平和的な
shake: 〜を揺るがせる、ぐらつかせる	**nation:** 国民、国家	**transfer:** 移行
the Capitol: （米国の）国会議事堂	**under God:** 神の下に	**century:** 1世紀、100年

バイデン大統領
就任演説

　さて、今、わずか数日前に暴力が議事堂の土台そのものを揺るがそうとした、この神聖な地で、われわれは神の下の不可分なひとつの国民として団結し、平和的な権力移行を実現します。2世紀以上にわたってそうしてきたのですから。また、われわれは、アメリカらしい独特のやり方で将来に目を向けます。すなわち、休み知らずで、大胆で、楽観的なやり方で将来に目を向けるのです。そして、そうなれるし、そうなるべきだと自分たちで分かっている国の姿を見据えます。

　両党の大統領経験者の方々が今日ご臨席くださっていることに感謝いたします。心の底から感謝しています。そして私は、わが国の憲法の強じんさと力強さを……この国の力強さを承知しています。カーター大統領もご同様のようで、彼とは昨晩お話をしました。今日はおいでいただけませんでしたが、生涯にわたる国へのご奉仕に敬意を表します。

look ahead: 将来のことを考える	**set one's sights on:** 〜に照準を合わせる、狙いを定める	**resilience:** 立ち直る力、復活力
uniquely: 比類なく、独自に	**predecessor:** 前任者、先輩	**the Constitution:** 合衆国憲法
restless: 休むことのない、活動的な	**party:** 政党	**salute:** 〜に敬意を表する
bold: 大胆な、勇敢な	**presence:** 出席、参列	**lifetime:** 生涯、生存期間
optimistic: 楽観的な、楽天的な		**service:** 奉仕、貢献、尽力

🔊 Track **29**

THE INAUGURAL ADDRESS OF
Joe Biden

■アメリカの物語を決めるのは「われら国民」

I've just taken a sacred oath each of those patriots have taken, the oath first sworn by George Washington. But the American story depends not on any one of us, not on some of us, but on all of us, on we, the people, who seek a more perfect union. This is a great nation. We are good people. And over the centuries, through storm and strife, in peace and in war, we've come so far. But we still have far to go.

We'll press forward with speed and urgency, for we have much to do in this winter of peril and significant possibilities—much to repair, much to restore, much to heal, much to build and much to gain.

---

sacred: 神聖な、聖なる	**depend on:** 〜次第である、〜によって決まる	**strife:** 衝突、対立
oath: 宣誓、誓いの言葉	**perfect:** 完全な、理想的な	**peace:** 平和、秩序
patriot: 愛国者	**union:** 融合、団結	**war:** 戦争、争い
swear: 誓う、宣誓する	**storm:** 嵐、大混乱	**press forward:** 推し進める、進む

バイデン大統領
就任演説

　私はつい先ほど神聖な誓いを行いましたが、その誓いは前任の愛国者たちもみな行ってきたもので、ジョージ・ワシントンが最初に行って以来続く誓いです。しかし、アメリカの物語を決めるのは、われわれの中の誰かひとりではなく、一部の人でもなく、われわれ全員です。すなわち、より完全な連邦を求める「われら国民」なのです。この国は偉大な国です。われわれは善良な人民です。そして数世紀にわたり、嵐や争い、平和と戦争の時を経て、ここまできました。ですが、行く手はまだ遠く続いています。

　われわれは速度を持って緊急に前へ突き進みます。なぜなら、危険と大きな可能性を秘めたこの冬にはやるべきことがたくさんあるからです——たくさんの修復すべきこと、回復すべきこと、癒やすべきこと、築くべきこと、そしてたくさんの得るべきことがあります。

speed: 速さ、スピード	**significant:** 重要な、意義深い	**heal:** 〜を治療する、癒す
urgency: 緊急、緊急性	**possibility:** 可能性、見込み	**build:** 〜を築く、作り上げる
have much to do: 多くの課題がある	**repair:** 〜を復興させる、修理する	**gain:** 〜を得る、獲得する
peril: 危険、危難	**restore:** 〜を元の状態に戻す、修復する	

THE INAUGURAL ADDRESS OF
Joe Biden

■史上まれに見る時代に、われわれはいる

　Few people in our nation's history have been more challenged or found a time more challenging or difficult than the time we're in now. A once-in-a-century virus that silently stalks the country has taken as many lives in one year as America lost in all of World War II. Millions of jobs have been lost, hundreds of thousands of businesses closed. A cry for racial justice, some 400 years in the making, moves us. The dream of justice for all will be deferred no longer. A cry for survival comes from the planet itself, a cry that can't be any more desperate or any more clear. And now, a rise of political extremism, white supremacy, domestic terrorism, that we must confront and we will defeat.

challenged:	stalk:	a cry for:
課題を抱えて、苦難などに見舞われて	〜に忍び寄る	世論、要求
once-in-a-century:	**millions of:**	**racial:**
世紀に一度の	非常に多数の、何百万もの	人種の、民族の
virus:	**business:**	**justice:**
ウイルス	会社、ビジネス	正義、公正
silently:	**close:**	**move:**
静かに、音もなく	閉店する、廃業する	〜の心を動かす

バイデン大統領
就任演説

　わが国の歴史上でも、これ以上の難題にぶつかったり、これ以上の難局や困難の時代に遭遇したりした人はほとんどいないと言えるような時代に、今われわれはいます。100年に一度のウイルスが音もなくこの国にはびこり、1年で奪い去った命の多さは第2次世界大戦でアメリカが失った数に匹敵するほどです。何百万もの仕事が失われ、何十万もの企業が廃業しました。人種間の平等を求める叫びは、400年ほど前から続いており、われわれを突き動かします。すべての人に正義をもたらすという夢が先送りにされることは、もうありません。生き残りを求める悲鳴が地球そのものから起こっていますが、それはこの上なく悲壮で、この上なく鮮明な悲鳴です。そして今、政治的過激主義や白人至上主義や国内テロが台頭しており、われわれはそれらに立ち向かわなくてはなりませんし、われわれはそれらを打倒します。

deferred: 延期した、据え置きの	**desperate:** とても深刻な、絶望的な	**white supremacy:** 白人至上主義
no longer: もはや〜でない	**clear:** 明白な、明らかな	**domestic terrorism:** 国内テロ
survival: 生き延びること、生存	**rise:** 台頭、高まり	**confront:** 〜に立ち向かう、直面する
planet: 惑星、地球	**extremism:** 過激主義、過激思想	**defeat:** 〜に打ち勝つ、〜を打倒する

THE INAUGURAL ADDRESS OF
Joe Biden

■国を結束させることに全身全霊を込める

To overcome these challenges, to restore the soul and secure the future of America, requires so much more than words. It requires the most elusive of all things in a democracy: unity. Unity.

In another January, on New Year's Day in 1863, Abraham Lincoln signed the Emancipation Proclamation. When he put pen to paper, the president said, and I quote, "If my name ever goes down into history, it'll be for this act, and my whole soul is in it." "My whole soul is in it." Today, on this January day, my whole soul is in this: bringing America together, uniting our people, uniting our nation. And I ask every American to join me in this cause, uniting to fight the foes we face: anger, resentment and hatred, extremism, lawlessness, violence, disease, joblessness and hopelessness.

overcome: 〜を克服する、乗り越える **challenge:** 課題、難題 **soul:** 魂、心 **secure:** 〜を安全に守る	**future:** 未来、将来 **require:** 〜を必要とする、要求する **elusive:** 理解しにくい、捉えどころのない **unity:** 結束、団結	**the Emancipation Procla-** **mation:** 奴隷解放宣言　▶1963年に第16 代米大統領エイブラハム・リン カーンが書いた宣言。 **put pen to paper:** (ペンを使って紙に) 書く **quote:** 〜を引用する、引き合いに出す

バイデン大統領
就任演説

　これらの難題を克服するためには、そしてアメリカの魂を再生してアメリカの未来を確かなものにするためには、言葉よりもはるかにたくさんのことが必要です。民主主義にかかわるすべてのものの中でも最も捉えどころのないものが必要なのです。つまり、結束です。結束なのです。

　今日とは別の1月、1863年の元日に、エイブラハム・リンカーンは奴隷解放宣言に署名しました。紙にペンを走らせたとき、大統領はこう言いました。いわく、「もし私の名が歴史に残るとすれば、それはこの行為が理由になるだろうから、私の全身全霊がこれに込められている」と。「私の全身全霊がこれに込められている」と言ったのです。今日のこの1月の日、私の全身全霊は次のことに込められています。すなわち、アメリカをひとつにまとめること、国民を団結させること、わが国を結束させることです。ですから、私はすべてのアメリカ人に呼びかけます。私とともにこの大義に加わり、われわれの眼前の敵と闘おうと。敵とは、怒り、恨み、憎悪、過激主義、無法状態、暴力、病気、失業、そして絶望です。

---

go down into history:
歴史に残る
act:
法令、決議
join:
〜に加わる、〜の仲間になる
foe:
敵、反対者

anger:
怒り、憤り
resentment:
恨み、敵意
hatred:
憎しみ、憎悪
lawlessness:
無法（状態）

disease:
病気、疾患
joblessness:
失業、仕事のない状態
hopelessness:
絶望、希望がないこと

THE INAUGURAL ADDRESS OF
Joe Biden

■団結すれば、偉大なこと、重要なことを成し遂げられる

With unity, we can do great things, important things. We can right wrongs. We can put people to work in good jobs. We can teach our children in safe schools. We can overcome the deadly virus. We can reward...reward work and rebuild the middle class and make healthcare secure for all. We can deliver racial justice. And we can make America once again the leading force for good in the world.

I know speaking of unity can sound to some like a foolish fantasy these days. I know the forces that divide us are deep and they are real. But I also know they are not new. Our history has been a constant struggle between the American ideal that we all are created equal and the harsh, ugly reality that racism, nativism, fear, demonization have long torn us apart. The battle is perennial, and victory is never assured.

---

right: 〜を正す	**middle class:** 中流階級、中間層	**force:** 勢力、有力者、軍隊
put someone to work: （人）に仕事を始めさせる	**health care:** 医療、健康管理	**for good:** 永遠に、永久に
deadly: 致命的な、致死の	**secure:** 安心な、確実な	**foolish:** 滑稽な、ばかげた
reward: 〜に報いる	**deliver:** 〜を実現させる、果たす	**fantasy:** 空想、幻想
rebuild: 〜を再建する、立て直す	**leading:** 指導する、主要な	**divide:** 〜を分裂させる

バイデン大統領
就任演説

　団結すれば、われわれは偉大なこと、重要なことを成し遂げることができます。不正を正すことができます。国民を良い仕事に就かせることができます。子供たちを安全な学校で教えることができます。死をもたらすウイルスを克服することができます。報いて……仕事に報いて中産階級を立て直し、すべての人に医療を確保することができます。人種間の平等を実現させることができます。そして、アメリカをもう一度、世界に善をもたらす指導的な勢力にすることができます。

　最近では、団結を語ることが一部の人にはばかげた幻想のように聞こえかねないのは承知しています。われわれを分断する力は根深く、現実に存在することも承知しています。しかし、それらが目新しいものではないことも承知しているのです。わが国の歴史は、われわれはみな平等に創造されたというアメリカの理想と、人種差別や移民排斥主義や恐怖や悪者扱いが長くわれわれを引き裂いてきたという残酷で醜い現実との間の、絶え間ない闘いでした。その闘いは果てしなく、勝利は決して確実ではありません。

---

deep:
深い、困難な、深刻な

real:
現実の、存在する

constant:
繰り返される、絶えず続く

struggle:
奮闘、苦闘

ideal:
理想、崇高な目標

(be) created equal:
平等に創られている

harsh:
容赦のない、残酷な

ugly:
醜い、醜悪な

racism:
人種差別（主義）

nativism:
移民排斥（主義）

demonization:
悪者扱い

tear apart:
引き裂く、分裂させる

battle:
戦い、戦争

perennial:
長期間続く、永続的な

assured:
保証された、確実な

Track **33**

THE INAUGURAL ADDRESS OF
Joe Biden

■歴史と信念と理性が団結の道を示してくれる

Through civil war, the Great Depression, world war, 9/11, through struggles, sacrifice and setbacks, our better angels have always prevailed. In each of these moments, enough of us—enough of us—have come together to carry all of us forward, and we can do that now. History, faith and reason show the way—the way of unity.

We can see each other not as adversaries but as neighbors. We can treat each other with dignity and respect. We can join forces, stop the shouting and lower the temperature. For without unity there is no peace, only bitterness and fury; no progress, only exhausting outrage; no nation, only a state of chaos. This is our historic moment of crisis and challenge. And unity is the path forward. And we must meet this moment as the *United* States of America.

civil war: （19世紀アメリカの）南北戦争 **the Great Depression:** 世界大恐慌　▶1929年10月の株価暴落をきっかけに生じた景気後退。 **world war:** 世界大戦	**9/11:** アメリカ同時多発テロ　▶2001年9月11日にイスラム過激派集団アルカイダによって行われたテロ攻撃。 **sacrifice:** 犠牲（にすること） **setback:** 後退、挫折	**angel:** 天使、愛すべき人 **moment:** 瞬間、時 **faith:** 信念、信条 **reason:** 理性、道理 **adversary:** 敵、敵対者

バイデン大統領
就任演説

　南北戦争、大恐慌、世界大戦、9/11同時多発テロを通して、苦闘と犠牲と挫折を経験する中でも、われわれの善性がいつも勝利を収めてきました。そうした時にはいつでも、十分な数の国民――十分な数の国民です――が団結して国民全体を前進させてきました。ですから、われわれは今回もそうできます。歴史と信念と理性が道を示してくれます――団結の道を。

　われわれは互いを敵ではなく隣人として見ることができます。尊厳と敬意を持って互いに接することができます。力を合わせて、叫ぶのをやめ、熱くなり過ぎないようにすることができます。というのも、団結がなければ平和はなく、苦しみと激しい怒りしか残らないからです。進歩はなく、疲れ果てるほどの憤激しか残らないからです。国はなく、混沌（こんとん）とした状態しか残らないからです。今はわが国にとって歴史的な危機と困難の時です。そして、団結こそが前進するための道です。ですから、われわれはアメリカ「合衆」国として、今のこの時に対応しなくてはなりません。

neighbor: 隣人、同胞、仲間	**bitterness:** 苦しみ、恨み	**state:** 状態、ありさま
treat: 〜を扱う	**fury:** 激しい怒り、激怒	**chaos:** 混沌、無秩序
dignity: 尊厳、品位	**progress:** 前進、進歩	**crisis:** 危機、重大局面
respect: 敬意、尊重	**exhausting:** 疲労困憊させる、消耗させる	**path:** 道筋、方向
temperature: 熱、（心情の）強さ	**outrage:** 激しい憤り、（激しい）暴力	

THE INAUGURAL ADDRESS OF
Joe Biden

■互いの言うことに再び耳を傾けよう

If we do that, I guarantee you we will not fail. We have never, ever, ever, ever failed in America when we've acted together.

And so today, at this time, in this place, let's start afresh, all of us. Let's begin to listen to one another again, hear one another, see one another, show respect to one another. Politics doesn't have to be a raging fire destroying everything in its path. Every disagreement doesn't have to be a cause for total war. And we must reject the culture in which facts themselves are manipulated and even manufactured.

guarantee: 〜を保証する、約束する **fail:** 失敗する、しくじる **act:** 行動する	**afresh:** もう一度、再び **politics:** 政治 **raging fire:** 燃え盛る火	**destroy:** 〜を破壊する、打ち砕く **disagreement:** 不一致、意見の相違 **cause:** 要因、原因

バイデン大統領
就任演説

　もしわれわれがそうすれば、失敗することはないと保証します。アメリカでは、われわれがまとまって行動したのに失敗したことなど、一度も、まったく、絶対にないのですから。

　ですから、今日の今この時、この場所で、みんなして再出発をしようではありませんか。互いの言うことに再び耳を傾けましょう。互いの声を聴き、互いを見て、互いを尊重するようにしましょう。政治は行く手にあるすべてを破壊してしまうような業火である必要はありません。個々の意見の相違が全面戦争の原因になる必要もありません。そして、事実そのものが操作され、捏造_{ねつぞう}までされるような文化は、拒絶しなくてはなりません。

total war:	culture:	manipulate:
全面戦争、総力戦	文化、行動様式	〜を操作する、巧妙に操る
reject:	**fact:**	**manufacture:**
〜を認めない、退ける	事実、現実	〜を捏造（ねつぞう）する、でっち上げる

THE INAUGURAL ADDRESS OF
Joe Biden

■ここはキング牧師が夢を語った場所に面している

　My fellow Americans, we have to be different than this. America has to be better than this. And I believe America is so much better than this. Just look around. Here we stand in the shadow of the Capitol dome—as was mentioned earlier, completed amid the Civil War, when the Union itself was literally hanging in the balance. Yet we endured, we prevailed.

　Here we stand, looking out on the great Mall, where Dr. King spoke of his dream.

　Here we stand, where, 108 years ago, at another inaugural, thousands of protesters tried to block brave women marching for the right to vote. And today, we marked the swearing in of the first woman in American history elected to national office, Vice President Kamala Harris. Don't tell me things can't change.

---

shadow: 影 **Capitol dome:** 米国会議事堂のドーム **amid:** 〜の真っ最中に、〜のさ中で **the Union:** （南北戦争時の）アメリカ合衆国 ▶国家統一体の意を込めて用いられる。	**literally:** 文字通りに、まさに **hang in the balance:** どちらに転ぶか分からない、運命の分かれ目にある **endure:** 耐える、持ちこたえる **look out on:** 〜に面する	**Dr. King:** キング博士　▶マーティン・ルーサー・キング・ジュニアのこと。アフリカ系アメリカ人公民権運動の指導者として活動した人物（1929-1968）。キング牧師の名で知られる。 **inaugural:** 就任演説、就任式

バイデン大統領 就任演説

　同胞たるアメリカ人の皆さん、われわれはこうした状況から変わらなければなりません。アメリカはもっとまともなはずです。そして、私はアメリカはもっとずっとまともだと信じています。ちょっと周りを見回してみてください。われわれが立っているここに影を差しかけているのは議事堂ドームです――先ほど言及があったように、南北戦争の最中に完成したものですが、当時は合衆国という統一体そのものが文字通りの存亡の危機にありました。しかし、われわれは耐え抜き、勝利を得たのです。

　われわれが立っているここは偉大なナショナルモールに面していますが、そこはキング牧師が夢について語った場所です。

　われわれが立っているここは、108年前、別の就任式の際に、参政権を求めて行進する勇敢な女性たちを何千人もの反対派が阻もうとした場所でもあります。そして今日、国を代表する職にアメリカ史上初めて当選した女性が宣誓就任するのをわれわれは祝いました。カマラ・ハリス副大統領です。状況が変わることはありえないなどと、私に言わないでください。

protester: 抗議する人	**right:** 権利	**swearing:** （就任式の）宣誓
block: 〜を妨害する、阻止する	**vote:** 投票する	**elect:** （選挙で人を）選出する
brave: 勇敢な、勇気がある	**mark:** （特別な出来事を）記念する	**office:** 官職、公職
march: 行進する、デモ行進する		

THE INAUGURAL ADDRESS OF
Joe Biden

■平和的に意義を唱える権利は、この国の最大の強み

Here we stand, across the Potomac from Arlington Cemetery, where heroes who gave the last, full measure of devotion rest in eternal peace.

And here we stand just days after a riotous mob thought they could use violence to silence the will of the people, to stop the work of our democracy, to drive us from this sacred ground. It did not happen. It will never happen—not today, not tomorrow, not ever. Not ever.

To all those who supported our campaign: I'm humbled by the faith you've placed in us. To all those who did not support us, let me say this: Hear me out as we move forward. Take a measure of me and my heart. If you still disagree, so be it. That's democracy. That's America. The right to dissent peaceably, one of the guardrails of our democracy, is perhaps this nation's greatest strength.

cemetery: 墓地、共同墓地 **hero:** 英雄、勇士 **give one's last full measure of devotion:** 最大限の献身をする **rest in peace:** 安らかに眠る	**eternal:** 永遠の、永久の **riotous:** 暴動の、暴徒となった **mob:** 暴徒、群衆 **silence:** ～を黙らせる、沈黙させる	**drive:** ～を追いやる、追い出す **support:** ～を支持する、支援する **campaign:** 選挙運動

バイデン大統領
就任演説

　われわれが立っているここからポトマック川を挟んだ向こうにはアーリントン国立墓地があります。そこには、死力を尽くして献身した英雄たちが安らかに永眠しています。

　そして、われわれが立っているここで、ほんの数日前、暴徒の群れが考えたのです、暴力を使えば国民の意志を黙らすことができる、われわれの民主主義の機能を止めることができる、この神聖な場所からわれわれを追い出すことができるなどと。そうはなりませんでした。今後も決してそうはなりません——今日も、明日も、決して。決して、です。

　われわれの選挙戦を支持してくださったすべての方々に。われわれを信じてくださったことに、身が引き締まる思いです。われわれを支持されなかったすべての方々には、こう言わせてください。われわれが前進していく中で、われわれの話に耳を貸してください。私と私の心を見極めてください。もしそれでも同意できないなら、それはそれでいいのです。それが民主主義です。それがアメリカです。平和的に意義を唱える権利は、われわれの民主主義の防護柵（ぼうごさく）のひとつであり、恐らく、この国の最大の強みです。

---

humbled: 恐縮して、恐れ多い **place on:** 〜に寄せる、かける **hear someone out:** （人）の話を最後まで聴く	**take the measure of:** （〜の性質や力を）見極める、見定める **disagree:** 同意しない、反対である **so be it:** それならそれでよい	**dissent:** 異議を唱える、反対する **peaceably:** 平和に、穏やかに **guardrail:** 脱線を防ぐもの、防護柵（さく）

THE INAUGURAL ADDRESS OF
Joe Biden

■私はすべてのアメリカ人の大統領になる

Yet hear me clearly: disagreement must not lead to disunion. And I pledge this to you: I will be a president for all Americans—all Americans. And I promise you I will fight as hard for those who did not support me as for those who did.

Many centuries ago, Saint Augustine, a saint in my church, wrote that a people was "a multitude defined by the common objects of their love." "Defined by the common objects of their love." What are the common objects we as Americans love, that define us as Americans? I think we know: opportunity, security, liberty, dignity, respect, honor and, yes, the truth.

---

clearly: はっきり、明瞭に **lead to:** ～につながる、～を引き起こす **disunion:** 分裂、不和	**pledge:** ～を誓う、保証する **Saint Augustine:** 聖アウグスティヌス ▶ローマ 帝国時代のラテン教父のひとり (354-430)。	**multitude:** 群衆、大衆 **define:** ～を定義する、特徴づける **common:** 一般的な、日常的な

バイデン大統領
就任演説

　ですが、しっかりお聞きください。意見の相違が分断につながってはなりません。そして、このことを皆さんに誓います。私はすべてのアメリカ人の大統領になります——すべてのアメリカ人の、です。そして、私を支持しなかった人たちのためにも、私を支持した人たちのためと同様の懸命さで闘います。

　何世紀も前に、私が属する教会の聖人である聖アウグスティヌスは、民衆とは「共通した愛情の対象によって特徴づけられるような大勢の人々」のことであると書きました。「共通した愛情の対象によって特徴づけられる」のです。アメリカ人であるわれわれが愛する共通の対象とは、われわれをアメリカ人と定義するものとは、何でしょうか。われわれには分かっているはずです。機会、安全、自由、尊厳、尊敬、名誉と、そう、真実です。

---

object:
目標、目的
opportunity:
好機、機会

security:
安心、安全
liberty:
自由、権利

honor:
名誉、敬意
truth:
真実、真理

Track **38**

THE INAUGURAL ADDRESS OF
Joe Biden

■真実を守り、うそを打ち破るべき

Recent weeks and months have taught us a painful lesson: there is truth, and there are lies, lies told for power and for profit. And each of us has a duty and a responsibility as citizens, as Americans and especially as leaders, leaders who have pledged to honor our Constitution, to protect our nation, to defend the truth and defeat the lies.

Look, I understand that many of my fellow Americans view the future with fear and trepidation. I understand they worry about their jobs. I understand like my dad they lay abed at night staring at the ceiling wondering, "Can I keep my healthcare? Can I pay my mortgage?"; thinking about their families, about what comes next. I promise you, I get it.

recent: 最近の、近頃の **painful:** 痛みを伴う、つらい **teach someone a lesson:** 〜に教訓を与える	**lie:** うそ、偽り **profit:** 利益、利得 **duty:** 義務、努め	**responsibility:** 責任、責務 **citizen:** 市民、国民 **honor:** 〜を守る、尊重する

バイデン大統領
就任演説

　ここ数週間や数カ月の間にわれわれが学んだのは、苦々しい教訓です。すなわち、真実があればうそがあり、うそは権力と利益のためにつかれるということです。そして、われわれひとりひとりが市民として、アメリカ人として有する義務と責任において、とりわけ指導者は、合衆国憲法を尊重し、国を守ると誓った指導者としての義務と責任において、真実を守り、うそを打ち破らなければなりません。

　いいですか。私は、同胞たるアメリカ人の多くが将来を展望するときに恐れと不安を抱くことを理解しています。仕事について不安を感じるのは分かっています。私の父がそうだったように、夜中にベッドに横たわって天井を見詰めながら、「これからも医療を受けられるだろうか。住宅ローンは払えるだろうか」と思い悩んだり、家族のことやこれからどうなるのかを考えたりするのも理解できます。分かると約束します。

defend: 〜を守る、擁護する	**lie:** 横になる、横たわる	**ceiling:** 天井
view: 〜を見る、眺める	**abed:** 寝床で、ベッドに入って	**wonder:** 〜かどうかと思う、〜について思案する
trepidation: 不安、恐怖	**stare:** じっと見る、凝視する	**mortgage:** 住宅ローン

Track **39**

THE INAUGURAL ADDRESS OF
Joe Biden

■内向きにならず、相手の立場になって考えよう

But the answer's not to turn inward, to retreat into competing factions, distrusting those who don't look like… look like you or worship the way you do or don't get their news from the same sources you do.

We must end this "uncivil war" that pits red against blue, rural versus urban, conservative versus liberal. We can do this if we open our souls instead of hardening our hearts, if we show a little tolerance and humility, and if we're willing to stand in the other person's shoes, as my mom would say—just for a moment, stand in their shoes.

turn inward: 内に向かう **retreat:** 後退する、退く **compete:** 競争する、競い合う **faction:** 派閥、党派	**distrust:** 〜を信用しない、疑う **worship:** 〜を尊敬する、崇拝する **source:** 情報源 **uncivil:** 無作法な、野蛮な	**pit:** 〜を戦わせる、競争させる ▶ pit red against blue は赤 (共和党のシンボルカラー) と青 (民主党のシンボルカラー) を戦わせるという意味。 **rural:** 地方の、田舎の

バイデン大統領
就任演説

　しかし、その答えは内向きになることではありませんし、党派対立の中に引きこもって、自分と見た目が違ったり、信仰の仕方が違ったり、ニュースを得ている情報源が違ったりする人たちに不信の目を向けることでもありません。

　赤い（共和党支持の）州と青い（民主党支持の）州を対立させ、農村対都会、保守対リベラルで争わせているこの「内戦」を、われわれは終わらせなくてはなりません。かたくなになるのではなく心を開けば、少しの寛大さと謙虚さを示せば、われわれにはそれが可能です。そして、私の母がよく言ったように、相手の立場になって考えることをいとわなければ——ちょっとだけでも、相手の立場になってみてください。

versus: 〜に対して **urban:** 都会の、都市の **conservative:** 保守的な、保守主義的な	**instead of:** 〜の代わりに、〜せずに **harden:** 〜を硬化させる、かたくなにする **tolerance:** 寛容、寛大	**humility:** 謙虚、謙遜 **be willing to do:** 〜する用意がある、〜するのをいとわない **stand in someone's shoes:** 〜の立場で考える

Track **40**

THE INAUGURAL ADDRESS OF
Joe Biden

■暗い冬を耐え抜くには全員の力が必要

Because here's the thing about life: there's no accounting for what fate will deal you. [There are] some days when you need a hand. There are other days when we're called to lend a hand. That's how it has to be. That's what we do for one another. And if we are this way, our country will be stronger, more prosperous, more ready for the future. And we can still disagree.

My fellow Americans, in the work ahead of us, we're going to need each other. We need all our strength to preser...to persevere through this dark winter. We're entering what may be the toughest and deadliest period of the virus. We must set aside politics and finally face this pandemic as one nation—one nation. And I promise you this: as the Bible says, "Weeping may endure for a night, but joy cometh in the morning." We will get through this together—together.

account for: 〜を説明する **fate:** 運命、宿命 **need a hand:** 手助けを必要とする **lend a hand:** 手を貸す、手伝う	**prosperous:** 繁栄する、裕福な **ahead of:** 〜の前方にある、行く手にある **persevere:** 辛抱する、耐える **enter:** 〜に入る、立ち入る	**tough:** つらい、厳しい **period:** 期間、時期 **set aside:** 〜を脇に置く、放っておく

バイデン大統領
就任演説

　なぜなら、人生にはこのようなことがあるからです。すなわち、どんな運命に向き合うことになるのかについては何とも言いようがありません。人の助けが必要な日もあります。別の日には、自分が手助けを求められることもあります。それがあるべき姿なのです。そういうことを互いにやっているのです。そして、もしわれわれがそういうふうにすれば、わが国はもっと強く、もっと豊かになり、もっと未来への準備ができます。そして、それでもなお意見の相違があってよいのです。

　同胞たるアメリカ人の皆さん。これからの作業において、われわれは互いが必要になります。この暗い冬を耐え抜くには、われわれ全員の力が必要です。われわれが迎えようとしているのは、ウイルスが最も手ごわく、最も命を奪いやすい時期なのかもしれません。政治をいったん脇に置き、今こそ国一丸となってこのパンデミックに向き合わなくてはなりません——国一丸となって、です。そして、私はこう約束します。聖書が言うように、「夕べは涙のうちに過ごしても　朝には喜びの歌がある」のです。一緒にこれを乗り切りましょう——一緒に、です。

---

finally:
最終的に、いよいよ
face:
〜に立ち向かう、〜に対峙する
pandemic:
パンデミック　▶広域でまん延する深刻な感染病の大流行。

the Bible:
聖書
weeping:
涙を流すこと
endure:
我慢する、耐える

joy:
喜び、歓喜
cometh:
来る
get through:
乗り切る、切り抜ける

Track **41**

THE INAUGURAL ADDRESS OF
Joe Biden

■アメリカは模範の力によって世界を主導する

　Look, folks, all my colleagues I served with in the House and the Senate up here—we all understand the world is watching, watching all of us today. So here's my message to those beyond our borders: America has been tested, and we've come out stronger for it. We will repair our alliances and engage with the world once again—not to meet yesterday's challenges but today's and tomorrow's challenges. And we'll lead not merely by the example of our power but the power of our example. We'll be a strong and trusted partner for peace, progress and security.

folks: 《呼び掛け》みなさん **colleague:** 仲間、同僚 **serve with:** 〜とともに働く、仕える	**the House:** (米国議会の) 下院 **the Senate:** (米国議会の) 上院 **up here:** 今まで、これまで	**beyond:** 〜を超えて **border:** 国境、境界 **test:** 〜を試してみる、〜を試験する

バイデン大統領
就任演説

　いいですか、これまで下院や上院で一緒に働いてきた同僚諸君――皆さんご承知でしょうが、世界が見守っています。今日は世界がわれわれみんなを見守っているのです。ですから、これは国境の向こうにいる人たちへの私からのメッセージです。アメリカは試練を受けましたが、それゆえにさらに強くなったのです。われわれは同盟関係を修復し、再び世界とかかわっていきます――昨日の難題に向き合うためではなく、今日や明日の難題に取り組むためです。そして、単なる力の例示によってではなく模範の力によって、われわれは主導するつもりです。平和と進歩と安全保障のために、強力で信頼されるパートナーになります。

come out: （結果が）出る **repair:** 〜を修復する、修繕する **alliance:** 同盟、連合	**once again:** 再度、もう一度 **meet:** 〜に対応する、対処する **not merely A but (also) B:** AだけでなくBも	**example:** 例、模範 **trusted:** 信頼のおける、信用がある

THE INAUGURAL ADDRESS OF
Joe Biden

■パンデミックで命を落とした40万人の同胞に黙とうを

Look, you all know—we've been thr…through so much in this nation. In my first act as president, I'd like to ask you to join me in a moment of silent prayer [and] remember all of those who we lost this past year to the pandemic, those 400,000 fellow Americans—moms, dads, husbands, wives, sons, daughters, friends, neighbors and coworkers. We'll honor them by becoming the people and the nation we know we can and should be. So I ask you: let's say a silent prayer for those who've lost their lives and those left behind and for our country. Amen.

act: 行い、行動 **in a moment of:** ほんの少しの、一瞬の	**silent prayer:** 黙とう **remember:** 〜をしのぶ、追悼する	**this past year:** この1年、過去1年間 **coworker:** 同僚

バイデン大統領
就任演説

　そう、皆さんご承知の通りです——われわれはこの国で本当にたくさんの苦難を経てきました。大統領としての最初の行動を取るにあたり、皆さんにお願いをしたいのですが、私と一緒にしばしの黙とうをささげ、過去1年の間にパンデミックのために亡くなられたすべての人たちを、すなわち40万人もの同胞たるアメリカ人を追悼してください——彼らは母や父や夫や妻や息子や娘や友人や隣人や同僚であった人たちです。そうなれるし、なるべきだと分かっている国民と国になることによって、われわれは亡くなられた人たちをたたえます。ですから、お願いします。命を落とされた方々と残された方々のために、そしてわが国のために、黙とうしましょう。アーメン。

honor:	leave behind:	amen:
〜に敬意を表す	〜をあとに残す、〜を置き去りにする	アーメン　▶キリスト教で祈りの最後に唱える言葉。

THE INAUGURAL ADDRESS OF
Joe Biden

■この試練の時に求められるのは大胆さ

Folks, this is a time of testing. We face an attack on our democracy and on truth; a raging virus; growing inequity; the sting of systemic racism; a climate in crisis; America's role in the world. Any one of these would be enough to challenge us in profound ways, but the fact is we face them all at once, presenting this nation with a...one of the gravest responsibilities we've had. Now, we're going to be tested. Are we going to step up, all of us? It's time for boldness, for there is so much to do.

testing: 試験、検査 **attack:** 攻撃 **raging:** 猛威を振るう	**inequity:** 不公平、格差 **sting:** 心を傷つけること、刺すこと **systemic:** 構造的な	**climate:** 気候 **in crisis:** 危機に陥って、危機的状態で **role:** 役割、役目

バイデン大統領
就任演説

　皆さん、今は試練の時です。われわれが直面しているのは、民主主義と真実への攻撃です。猛威をふるうウイルスであり、広がる格差であり、構造的人種差別による心痛であり、危機的な気候であり、世界におけるアメリカの役割です。これらのどれひとつをとってもそれだけで十分に深刻な課題なのですが、実際にはそのすべてが一斉に押し寄せていて、われわれの歴史の中でも最も重大な責務のひとつをこの国に突き付けています。さて、われわれは試練を受けることになります。われわれは、みんなで進歩することになるのでしょうか。今は大胆さが求められる時です。なぜなら、やるべきことが本当にたくさんあるのですから。

(be) enough to: 〜するのに十分な	**all at once:** 一度にそろって、いっせいに	**responsibility:** 責任、義務
challenge: 〜に立ちはだかる	**present A with B:** AにBを突きつける	**step up:** 進歩する、向上する
profound: 深刻な	**grave:** 重大な、深刻な	**boldness:** 大胆さ

THE INAUGURAL ADDRESS OF
Joe Biden

■アメリカの物語に偉大な章を新たに書き足す

And this is certain, I promise you: We will be judged, you and I, by how we resolve these cascading crises of our era. We will rise to the occasion? This is the question. Will we master this rare and difficult hour? Will we meet our obligations and pass along a new and better world to our children?

I believe we must. I'm sure you do as well. I believe we will. And when we do, we'll write the next great chapter in the history of the United States of America, the American story, a story that might sound something like a song that means a lot to me. It's called "American Anthem." There's one verse that stands out, at least for me, and it goes like this:

---

certain:
明白な、疑う余地のない
judge:
〜を評価する、〜を判断する
resolve:
〜を解決する

cascading:
立て続けに起こる
era:
時期、時代
rise to the occasion:
難局を上手く乗り越える

master:
〜に打ち勝つ
rare:
まれな、めったにない
obligation:
義務、責任

バイデン大統領
就任演説

　そして、これは確かですから、皆さんに約束します。私も皆さんも、この時代に次々と訪れてくるこれらの危機をどう解決するかで、後世の審判を受けることになります。難局をうまく乗り越えられるのでしょうか。それが問題です。めったにないほど厳しいこの時を克服できるのでしょうか。責任を果たして、より良い新たな世界を子供たちに手渡せるのでしょうか。

　そうしなくてはならないと私は思います。皆さんも同じはずです。できると信じています。そして、それができたら、われわれはアメリカ合衆国の歴史に、すなわちアメリカの物語に、新たな偉大な章を書き足すことになります。アメリカの物語は、ある歌と似た響きを持った物語なのかもしれません。その歌は、私にとって意義深いものです。「アメリカ賛歌」という曲です。少なくとも私にとっては特別な一節があるのですが、それは次のように語ります。

---

pass along to:
〜に伝える、知らせる
as well:
同じく、同様に
chapter:
章

American Anthem:
アメリカ賛歌　▶作曲家のジーン・シェアが1998年に作詞作曲した愛国的な歌。
verse:
詩の一節

stand out:
際立つ、目立つ
at least:
少なくとも

THE INAUGURAL ADDRESS OF
Joe Biden

■私にとって特別な「アメリカ賛歌」の一節

The work and prayers of centurie[s] have brought us to this day.

What shall be our legacy?

What will our children say?

Let me know in my heart, when my days are through,

America, America, I gave my best to you.

bring A to B: AをBに連れて行く	**legacy:** 遺産	

バイデン大統領
就任演説

何世紀もの働きと祈りがこの日をもたらした。

私たちは何を残すのだろうか。

子供たちは何と言うだろうか。

私の心に知らせておくれ、私の日々が終わるときに。

アメリカよ、アメリカよ、私は君に最善をささげたのだから。

Track **46**

THE INAUGURAL ADDRESS OF
Joe Biden

■可能性と公共の利益を考えて奉仕する

Let's us add our own work and prayers to the unfolding story of our great nation. If we do this, then when our days are through, our children and our children's children will say of us: "They gave their best. They did their duty. They healed a broken land."

My fellow Americans, I close the day where I began, with a sacred oath. Before God and all of you, I give you my word: I will always level with you, I will defend the Constitution, I'll defend our democracy, I'll defend America, and I'll give all...all of you everything I do in your service, thinking not of power but of possibilities, not of personal interest but the public good.

add A to B: AをBに加える、付け足す **unfolding:** 次第に明らかになる	**broken:** 壊れた **land:** 国、祖国	**level with:** 〜に本当のことを言う、〜に率直に話をする **service:** 奉仕、尽力

バイデン大統領
就任演説

　この偉大な国で繰り広げられている物語に、われわれも自分の働きと祈りを加えようではありませんか。そうすれば、自分の人生が終わるとき、子供たちや、子供たちの子供たちが、われわれのことをこのように述べてくれます。「彼らは最善をささげました。自らの義務を果たしました。壊れた国を癒やしました」と。

　同報たるアメリカ人の皆さん、私は今日、宣誓を始めた場所で、神聖な誓いとともに締めくくることにいたします。神と皆さん全員の前で、私はこう約束します。私はいつでも正直に皆さんに申し上げますし、憲法を守り、民主主義を守り、アメリカを守ります。そして、私が皆さんへの奉仕のために行うことすべてを、皆さんすべてにささげます。それらは、権力ではなく可能性のことを考え、個人の利益ではなく公共の利益を考えて行うものです。

not A but B:	personal interest:	public good:
AではなくB	個人的利益	公共の利益

Track **47**

THE INAUGURAL ADDRESS OF
Joe Biden

■後世に語り継がれる物語をともに書こう

And together we shall write an American story of hope, not fear; of unity, not division; of light, not darkness; a story of decency and dignity, love and healing, greatness and goodness. May this be the story that guides us, the story that inspires us, and the story that tells ages yet to come that we answered the call of history, we met the moment; democracy and hope, truth and justice, did not die on our watch but thrived; that America secured liberty at home and stood once again as a beacon to the world. That is what we owe our forbears, one another and generation[s] to follow.

division: 分断 **darkness:** 暗闇 **decency:** 良識	**greatness:** 偉大さ **goodness:** 高潔、善良 **May this be:** 〜となりますように	**guide:** 〜を導く **inspire:** 〜を鼓舞する **age:** 時代

バイデン大統領 就任演説

　そして、一緒にアメリカの物語を書きましょう。それは恐怖ではなく希望の、分断ではなく団結の、暗闇ではなく光の物語です。良識と尊厳の、愛と癒やしの、偉大さと善性の物語です。これがわれわれを導く物語に、われわれを奮い立たせる物語になりますように。そして、われわれが歴史の呼び声に応え、この時代に立ち向かったのだと後世に語り継がれる物語になりますように。われわれの見守る中で民主主義と希望、真実と正義が死に絶えることはなく、むしろ栄えたのだと後世に語り継がれる物語になりますように。アメリカは国内で自由を確保し、再び世界のかがり火となったのだと語り継がれる物語になりますように。それは、先祖に対し、お互いに対し、これからの世代に対し、われわれが負っている責務です。

yet to come: 来るべき、まだこれからの **call:** 要求、必要性 **on one's watch:** 〜の時代で、〜の下で	**thrive:** 栄える、うまくいく **at home:** 自国で **beacon:** 導き手、案内役	**forebear:** 祖先 **owe:** (義務などを)負っている **generation:** 世代

Track **48**

THE INAUGURAL ADDRESS OF
Joe Biden

■時代の課題に取り組み、身をささげよう

So, with purpose and resolve, we turn to those tasks of our time, sustained by faith, driven by conviction and devoted to one another and the country we love with all our hearts.

May God bless America, and may God protect our troops.

Thank you, America.

purpose: 決意、決心 **turn to:** 〜に取りかかる、〜を始める	**task:** 任務、課題 **sustain:** 〜を支える、〜の支えとなる	**drive:** 〜を駆り立てる **conviction:** 強い信念

バイデン大統領
就任演説

　ですから、意欲と決意を持って、われわれはこの時代の課題に取りかかります。信念に支えられ、確信を原動力にし、お互いと心の底から愛する国のために身をささげるのです。

　神の恵みがアメリカにありますように。そして、神がこの国の兵士たちを守ってくださいますように。

　アメリカよ、ありがとう。

devote: 〜を捧げる	May God bless: 〜に神の祝福のあらんことを、 〜に神のお恵みを	troops: 部隊、軍隊	

■ MP3 音声ナレーション原稿

音声データには、オープニングとエンディングに英語のナレーションが入っているほか、各演説の冒頭でタイトルが読み上げられています。それらの内容をここに示します。

■ track 01
Thank you for purchasing *The Inaugural Address of Joe Biden*.
In addition to President Biden's inaugural address, this audio program includes speeches by then-Vice President-Elect Kamala Harris and by five nominees accepting their nominations to the diverse Biden cabinet.
First up are excerpts from the acceptance speech by Janet Yellen, nominated to become the first female secretary of the treasury.

■ track 05
The second speaker is Lloyd Austin, who was nominated to lead the Department of Defense as its first-ever African American secretary.

■ track 09
Next up is the acceptance speech by Deb Haaland, who is the first Native American nominee for secretary of the interior.

■ track 13
The fourth speaker in our program is Pete Buttigieg, who is expected to become the first openly gay secretary of transportation.

■ track 17
Now we have the acceptance speech by Katherine Tai, who will be the first Asian American woman to serve as the US trade representative.

■ track 21
Now let's listen to a speech about the nominees by Kamala Harris, who was elected as the first female, first black and first South Asian vice president and who leads the cabinet with Mr. Biden.

■ track 26
And finally, here's the inaugural address of President Joe Biden.

■ track 49
And that brings us to the end of this audio program.
See you in our next issue!

本書のご購入者は、下記URLまたは QR コードから申請していただければ、本書の MP3 音声と電子書籍版（PDF）を無料でダウンロードすることができるようになります。スマートフォンなどに入れておけば便利です。

申請サイト URL（ブラウザの検索窓ではなく、URL 入力窓に入力してください）

https://www.asahipress.com/eng/tinauaddjb/

【注意】
● PDF は本書の紙面を画像化したものです。
● 本書初版第 1 刷の刊行日（2021 年 2 月 5 日）より 3 年を経過した後は、告知なしに上記申請サイトを削除したり電子書籍版（PDF）・MP3 音声の配布をとりやめたりする場合があります。あらかじめご了承ください。

［生声 MP3 ＆電子書籍版付き］
バイデン就任演説

2021 年 2 月 5 日　初版第 1 刷発行

編　集	『CNN English Express』編集部
発行者	原 雅久
発行所	株式会社 朝日出版社
	〒 101-0065 東京都千代田区西神田 3-3-5
	TEL: 03-3263-3321　FAX: 03-5226-9599
	郵便振替 00140-2-46008
	https://www.asahipress.com（HP）　https://twitter.com/asahipress_com（ツイッター）
	https://www.facebook.com/CNNEnglishExpress（フェイスブック）
印刷・製本	凸版印刷株式会社
DTP	有限会社 ファースト
音声編集	ELEC（一般財団法人 英語教育協議会）
表紙写真	ロイター /アフロ
装　丁	岡本 健 + 藤原由貴（岡本健 +）
